知识让世界更简单！
湛庐文化
Cheers Publishing

"卖掉法拉利的高僧"系列

唤醒心中的领导者

幸福家庭的5大要诀

[加]罗宾·夏玛◎著　魏薇◎译

the MONK
who sold his
FERRARI

“**我一个周末就读完了这本书，但是它改变了我的一生。**”

这句话出自英格兰橄榄球国家队中卫威尔金森。

2003年他助力英格兰国家队夺得世界杯冠军，这一壮举被永载史册，

然而这位功勋球员随后的职业生涯一波三折，饱受伤病困扰，

身心俱疲，被迫离开国家队1169天之久。

蛰伏3年后，威尔金森复出，随即勇夺六国赛“得分王”称号。

让威尔金森重获新生的就是《卖掉法拉利的高僧》。

"Your life
is a treasure
and you are
so much
more than you know."

THE 7 devotions
of Leaders
Without Titles

“There is nothing noble about being superior to some other person. True nobility lies in being superior to your former self.”

2012年5月9日，在“终极成功峰会”（The Success Summit）为数千名观众演讲

罗宾·夏玛的传奇

《卖掉法拉利的高僧》的作者罗宾·夏玛是个传奇人物，他是世界顶级私人心灵导师、杰出的领导力大师，他的粉丝遍布各行各业，其中不乏皇室成员、国家元首、名流巨子。诺贝尔和平奖获得者图图大主教、约旦公主哈雅、以色列总统佩雷斯、摇滚巨星邦·乔维、巴萨球星普约尔、国际影星杨紫琼、知名艺人伊能静，都是他忠实的读者，而微软、通用电气、耐克、联邦快递、IBM这样的世界500强企业也竞相邀请他为自己的员工培训、演讲。

在知名网站 www.leadershipgurus.net 举办的领导力调查中，夏玛位列第二。与吉姆·柯林斯、杰克·韦尔奇、史蒂芬·柯维、肯·布兰佳、沃伦·本尼斯、汤姆·彼得斯、约翰·麦克斯韦尔等大师齐名。

从影响身边的人到影响世界

夏玛的人生故事之精彩，丝毫不逊色于他的那些知名粉丝们，他毕业于加拿大达尔豪斯大学法学院，是一名优秀的诉讼律师，然而他的梦想是为更多人的生活带来改变，而不仅仅是做他们的委托律师。

十几年前，夏玛自费出版了自己的第一本书，书稿的编辑是他的妈妈，影印装订是在城里的金考复印店完成的，2000本书就储存在自家的厨房里。新书发布会时，只来了23个人，其中21位是他的家人。直到哈珀柯林斯出版集团时任总裁在书店发现了正在签售推销的夏玛，随后的故事就像现代版的灰姑娘，而水晶鞋就是《卖掉法拉利的高僧》。该书全球销量超过600万册，有60多个国家和地区引进版权，更是在多个国家书写了图书销售的新篇章。

《卖掉法拉利的高僧》是以色列历史上第5大畅销书；雄踞印度畅销书排行榜前10位达两年之久；亦是土耳其历史上销售速度最快的图书；在日本、西班牙、英国、迪拜、墨西哥、新加坡、波多黎各销售也异常火爆。

与毛里求斯总统贾格纳特合影

与维珍集团总裁布兰森激情对谈

追寻高质量的人生

夏玛这位精力充沛的筑梦者不仅写书，还担任教育服务机构夏玛领导力国际公司的CEO，并参与创办网站www.960vets.com，帮助美国退伍军人成功地重新融入平民生活。他还是名摇滚歌手，英俊的外表和儒雅的气质让他成为橙色唱片公司的签约艺人（你可以在www.robinsharma.com上看到美国有线电视新闻网关于他的视频）。他那极具吸引力的语言表达和人格魅力感染着万千听众，是一位不折不扣的职业演说家。

从自费出书到百万热销，从优秀诉讼律师到顶级心灵导师——夏玛用自己的人生告诉你，去为自己的梦想而活！

为热心读者签名寄语

By Robin SHARMA

the 7 自我觉醒的个阶段

1. 活在谎言中

我们的责任不是自我提高而是记住自己。

2. 选择点

人生最大的遗憾就是没有听从自己的内心。

3. 意识到奇迹和可能性

放弃熟知的一切，走向崭新的真理。

4. 大师的指点

生命的意义在于重回完整和统一，重回真我。

5. 转变和重生

毛毛虫所谓的世界末日，恰恰就是蝴蝶破茧而出的充满阳光的时刻。

6. 考验

不要在面临审判时放弃。

7. 自我觉醒

生命不会等待任何人，唤醒最伟大的自己。

“卖掉法拉利的高僧”系列

《卖掉法拉利的高僧》

《唤醒心中的领导者1》

《发现自我，一个晚上的人生功课》

《生命尽头，谁将为你哭泣》

《唤醒心中的领导者2》

《你喜欢怎样的自己》

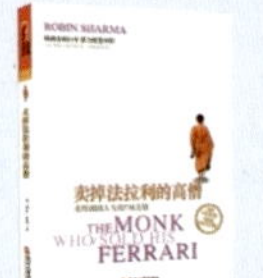

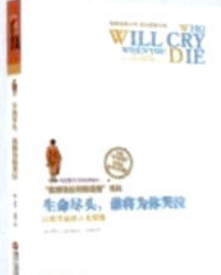

谨将此书献给我可爱的孩子科尔比和比安卡，你们是我一生中最伟大、最富有智慧的老师，我深深地爱着你们。

也将此书献给我的挚友和同事——已故的乔治·威廉斯。他曾经感动过许多生命，却过早地离开了我们。

最后，将此书献给你，我的读者。希望从书中得到的信息和经验，能给你带来灵感，做更有智慧的人、更优秀的家长，并成为家庭的领导者，引导全世界的孩子过上更加丰富、更加优质的生活。

Family wisdom

赞誉

力荐“卖掉法拉利的高僧”系列的知名人士有：

杨紫琼、伊能静、畅销书《牧羊少年奇幻之旅》作者保罗·柯艾略、畅销书《心灵鸡汤》合著者马克·维克多·汉森、棒球明星卡洛斯·德尔加多、畅销书《销售中的心理学》作者博恩·崔西、《成功》杂志已故出版人斯科特·德加莫、畅销书《生活简单就是享受》作者伊莱恩·詹姆斯、《因为懦弱，所以勇敢》作者乔·泰伊、Karat国际咨询公司总裁乔治·威廉斯。

知名媒体及机构有：

《埃德蒙顿日报》、《金斯顿辉格标准报》、《卡尔加里先驱报》、《投资管理者》杂志、《哈利法克斯每日新闻》、《纪事先驱报》、《渥太华市民报》等。

夏玛将指导你找到真实心灵自我中最重要、最有意义的一部分，而不会为物质财产所迷惑。

杨紫琼
国际著名影星

读罗宾·夏玛的《和尚卖了法拉利》，记下一句话送给自己："危机"这个词，前一个字代表"危险"，后一个字代表"机会"。当心中有危机感时，我们往往只看见"危"却遗忘了"机"。于是我们陷在"危"的情绪里，却没有沉静下来看见，强大的生命时机正悄然来临。

伊能静
知名艺人

一个给人启迪、使人愉悦的迷人故事。

保罗·柯艾略
畅销书《牧羊少年奇幻之旅》作者

本书非常令人感动，它会让你受益终生。

马克·维克多·汉森
畅销书《心灵鸡汤》合著者

一本优秀的著作，一种激励人心的观点。

卡洛斯·德尔加多
棒球明星

本书将带领你在个人发展、个人成效和人生幸福领域，展开一场精彩、有趣而新奇的冒险，书中包含的智慧宝藏将为每个人带来丰富人生、提升人生的机会。

博恩·崔西
营销大师、畅销书《销售中的心理学》作者

罗宾·夏玛向所有人传达了一条重要信息，一条可以为我们的人生充电的信息。在这个狂热的年代，他撰写了一本独一无二的个人价值实现手册。

斯科特·德加莫
《成功》杂志已故出版人

罗宾·夏玛创作了一段醉人的故事，将经典的转型工具融入简单的生活哲学之中。本书既能改变你的人生，也能让你获得身心愉悦的享受。

伊莱恩·詹姆斯
畅销书《生活简单就是享受》作者

本书为人生中的重大问题指明了希望之光的方向。

《埃德蒙顿日报》

“卖掉法拉利的高僧”系列图书大有裨益，值得一读……本书能帮助读者适应当下这个竞争激烈的社会。

《金斯顿辉格标准报》

每个人都能从中受益的简明智慧。

《卡尔加里先驱报》

本书可被视为个人发展领域的《富有的理发师》。其中关于人生重要课题的深刻见解和思想，能为我们的日常生活带来更多的平衡、控制力和成效。

《投资管理者》

一笔宝藏！可谓成功与幸福的优雅而强大的公式。罗宾·夏玛抓住了各个时代的智慧，并将其与现今这个动荡的年代联系在一起，令我不忍释卷。

乔·泰伊
《因为懦弱，所以勇敢》作者

实现个人潜力的简明规则。

《哈利法克斯每日新闻》

夏玛为读者指引了个人启迪的方向。

《纪事先驱报》

一个美妙的寓言，揭示了一连串提升人生质量的简单而独具说服力的思想。我会向我所有的客户推荐这本书。

乔治·威廉斯
Karat 国际咨询公司总裁

罗宾·夏玛提供了在精神道路上自我实现的指南。

《渥太华市民报》

本年度最优秀的商业著作。

《收益》(*Profit*)
加拿大权威商业杂志

信息量非常丰富，简单易读，十分有帮助……我们已经为管理团队和店面营业员推荐了此书，他们的反馈是：非常有用。

大卫·布卢姆
加拿大 Shoppers Drug Mart 公司首席执行官

罗宾·夏玛用一种清新直白的方式，为如今最为紧迫的领导力问题给出了强大的解决办法。在商界人士被各种行业术语淹没的今天，这样一本书让人耳目一新。

伊恩·特纳
加拿大天弘集团学习中心经理

本书是一座蕴藏着智慧和常识的金矿。

迪安·拉里·塔普
美国西安大略大学理查德·艾维商学院

这是一本了不起的书，能帮助商界人士实现更有成效的领导生活与个人生活。

吉姆·奥尼尔
加拿大伦敦人寿保险公司区域销售部运营总监

高僧为人们指出了在商业生活中寻找平衡的方法……本书很有用处。

《多伦多之星报》

夏玛的使命是为读者提供深刻的思想，帮助他们成为富有远见的领导者，并将公司转型成为能在这一变革时代取得成功的组织。

《促销》杂志

夏玛将东西方伟大哲学家的智慧融会贯通，并将其应用在商业世界。

《自由》杂志

Family wisdom

中文版序

为自己的梦想而活

“卖掉法拉利的高僧”系列丛书即将在中国出版，能够写下这篇序言，和大家分享这套丛书的故事，我深感荣幸！

每一个伟大的梦想都有一个不太惊天动地的开始。我的梦想（和大家分享那些改变了我人生的想法、策略以及日常方法）始于自费出版一本小书。那是很多年以前，我还是个事业成功但精神空虚的律师，我拼命努力奔向“成功”，却渐渐丢失了自己。后来我才发现，应该按照自己的想法潇洒自如地生活。任何人都不想在生命的尽头才意识到，这一生都是在为实现别人的梦想而活，却因此丢失了真实的自我。于是我决定做出改变，白天做法律方面的工作，晚上就静下心来写书。但当时没有出版社看好我的书，我就自己出钱，在复印店里一本一本地印。

经过几个月的努力，我终于出版了自己的第一本书：《卖掉法拉利的高僧》。我把它拿到公共服务社和集市上卖，在新书研讨会上向人们介绍其中关于希望和幸福的那些激励人心的故事。一箱箱的书码放在我的小公寓里，在面积不大的餐厅里筑起了一道墙。

一开始，人们都嘲笑我，认为它能卖好的可能性几乎为零。但是，我仍然充满热情地追求我的目标：帮助大家开发个人潜能，让人们拥有成功且意义非凡的人生。步履维艰时，我也曾想过放弃，回归体面的律师工作和舒适安逸的生活。但是，最初的信念终究战胜了一切困难和恐惧。

如果舒适的生活意味着放弃梦想，那活着又有什么意义呢？令人遗憾的是，有许多人都选择了“避风港”式的生活，却没有觉察到，他们放弃的是“为自己的梦想而活”的宝贵机会。人生最大的冒险就是不冒任何风险。对于每一个愿意倾听本书所传递的讯息以及我内心深处所珍视的信仰的人，我都会反复地告诉他：这个世界上没有谁是多余的。我们每个人都渴望发现自身特有的自信、力量和勇气，展现自己的天赋，这将决定我们能够成为怎样的人。在变幻莫测的人生旅途中（即使是在最艰难的时刻)，每个人都能感到幸福，也都值得拥有幸福。每个人都能成为对他人有用的人，通过改变自己而为身边的人带来积极的影响。

我怀着坚定的目标继续履行我的使命，尽最大的努力屏蔽来自批评者和反对者的声音。就在这个时候，改变我人生的事情发生了：人们开始对我的书有所回应，他们被书中蕴涵的寓意感动，人生也由此而不同。读者们体验到的惊人改变令他们欣喜若狂，不仅自己爱上了这本

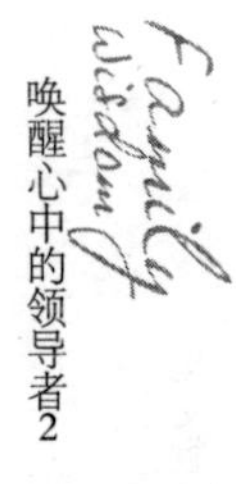

书，还把它推荐给了身边的每一个人。

第一本书获得成功后，我又陆续出版了《唤醒心中的领导者1：职场领导力的8个拼图》《唤醒心中的领导者2：幸福家庭的5大要诀》《发现自我，一个晚上的人生功课：自我觉醒的7段旅程》《你喜欢怎样的自己：活出痛快淋漓人生的夏玛法则》以及《生命尽头，谁将为你哭泣：以终为始的人生智慧》。这几本书主题各异，体裁和写作方式也不尽相同，但都在讲述如何获得高质量的人生。

15年来，我很幸运地来往于世界各地，和读者们交流，向大家讲述这套书中的人生至理。很多人通过阅读这套书创造出了不同寻常的人生。在这个过程中，我自己的梦想也变成了现实。不过，我最大的快乐是尽到了自己的责任，那就是提醒人们：生命非常短暂，当下就是最佳时机，打破你的局限，过你想要的生活，成为最强大的自己。当人生走到尽头时，你将以最完美的姿态离开这个世界。

非常感谢大家阅读这套书籍。我想把亲爱的父亲经常说的一句话送给大家："当你降临人世，世界在你的啼哭声中欢笑；当你离开人世，世界在你的笑容中落泪。人生就该这样度过。"

祝愿每个人都能拥有这样的人生。我怀着无限的感激和由衷的敬意，希望你们能够喜欢这套书。更重要的是，我希望大家遵循书中的人生至理，创造值得拥有的人生。

罗宾·夏玛

我的银行账户里曾有多少存款，我住过什么样的豪宅，我开过什么样的豪车，等到百年之后，这些都将如过眼云烟般毫无意义。但是，如果我曾在一个孩子的生活中发挥过重要作用，整个世界也许会因此而发生改变。

——佚名

活在子孙后代的心中，我们将得到永生。

——托马斯·坎贝尔

Family wisdom

目录

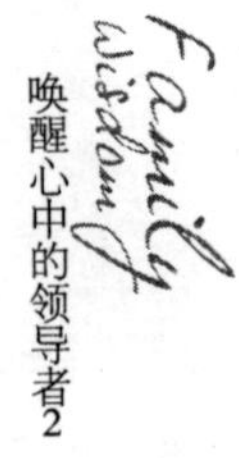
Family Wisdom

Family Wisdom

Family Wisdom

第01章

幡然醒悟

当人生的顶峰触手可及时，我们却常常因胆怯而却步。

亚伯拉罕·马斯洛

生命中最可悲的事情，不是人之将死，而是好好活着时不懂得享受生活。人们大多活得拘谨，无法充分发挥人性的丰富内涵。我现在终于明白，当尘埃落定、回首人生之时，真正的意义不在于收藏了多少玩物、积攒了多少金钱，而在于我们释放并利用了多少自身的才华，以及为这个世界贡献了多少价值。而这其中最宝贵的，就是那些我们影响过的生命和留给后人的思想。正如托尔斯泰所说："只有在为别人而活的时候，才能真正懂得人生的幸福。"

这看似浅显的人生智慧，我却苦苦寻觅了四十年。漫漫四十载的磨炼才使我懂得，成功不是一味追求得来的。当人生不以个人的成功为目的，而是致力于丰富他人的生命时，成功反而会从天而降。当你的心中所想不再只是出于求生本能，而是升华为一生为他人奉献的承诺时，成功就自然会随之降临。

难以置信，我居然活了半辈子才想明白，人生真正的满足感不是来自荣登报纸头条、商业杂志封面的华丽曝光，而是源于那些再平凡不过的点滴小事，这些小事只要我们愿意，每个人都能做到。特蕾莎修女是一位伟大的心灵领袖，她曾这样说："世上本无伟大的事迹，唯有满怀博爱之心而做的件件小事。"正是生活给我上了严肃的一课，我才真正懂得这一点。

/ 成功的事业 /

一直以来，我整日疲于奋斗打拼，忙于追逐表面的欢乐，却错过了生活的细节，忽略了那些每天都会出现、不经意间又悄悄溜走的小幸福。我的日程表排满了各种事项，脑子里堆满了各种想法，而精神生活却枯燥贫乏。表面看起来很成功很光鲜的我，内心世界却处于崩溃的边缘。

我怀着固执的想法，认为只要买到拉风的车子、盖起气派的房子、坐上高层的位子，就会得到幸福。我判断一个人的价值，不是看他是否胸怀宽广、性格坚强，而是看他钱包里有多少钞票、银行里有多少存款。也许你会觉得我不是个好人，但当时的我确实不了解人生的真正意义，也不知道应该如何做人。也许这跟我接触的人有关，在商圈混迹的人全都秉承着跟我一样的人生哲学。我们都把最好的时光用在了追逐功利上，在那成功之巅，有我们梦寐以求的奢华办公室、汉普顿斯[①]宽敞的避暑别墅、法国别致的滑雪小屋。我们都渴望出名，都渴望得到爱戴

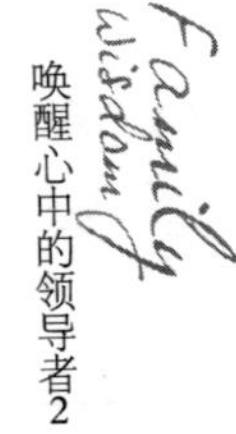

① 汉普顿斯（Hamptons），位于美国长岛东部，夏季避暑胜地。——译者注

和尊重，都渴望大发横财。最重要的是，我们都渴望着被人渴望的感觉。

虽然那时我也偶尔幻想一下将来组建家庭做妈妈，但内心深处却更向往另一个梦想：做《福布斯》或《财富》杂志的封面人物，在我优雅的身影下，一行大标题写着“CEO凯瑟琳·克鲁兹：打破所有游戏规则的赢家”。每天上班途中，我都会默念“今天会是我人生中最棒的一天”、“我拥有百万富翁的头脑和勇士的毅力”等等自我肯定的话。说到这里，我都能想象到你现在摇着头的不屑神情。但那时我太渴望成功了，只要能成功，让我干什么都行。别人让我说什么我都说得出口，让我做什么我都做得出来，哪个倒霉鬼要是不开眼挡了我的道，我也能毫不留情地踩着他的脑袋大步迈过去。现在，我并不觉得当初的状态有什么值得骄傲的，只是想如实描述一下那时的我。我曾经过于强硬冷酷、野心勃勃、充满斗志，感性的一面全部归零，所做的一切仅仅为了在那个自己给自己一手打造的世界中苟活下来。

那时候，工作就是生活的全部，我深信自己命中注定就是个商界精英。办公室墙上挂着诗人朗费罗的著名诗句，这也是我当时状态的鲜明写照：

伟人的生平提醒着我们，
人的一生可以活得高尚，
当我们辞别人间而去后，
足迹会留在时间的沙上。

没错，什么“以人为本”，什么“人们不在意你知道多少，除非他们知道你有多在意”，这些好听的陈词滥调整天被荷包满满的咨询师和大腹便便的商学院教授挂在嘴边，我跟那帮同学也早就口是心非地重复了千百遍。可在我们内心深处，只存在一个鲜活的欲望：为我自己服务，实现我自己的目标、希望和梦想，不管有多少人给我当垫脚石。为了事业发达、赚到大钱，我们不惜出卖自己的灵魂。为了工作，我们放弃了一切。往事不堪回首，但实话实说，那段日子过得真是痛快。痛快极了。

记得毕业找工作时，我是班里最优秀的学生，全球最顶尖的公司排着队任我挑选。然而从小就心理叛逆的我，接二连三地拒绝了那些六位数薪水的工作机会，并且以此为乐，以至于妈妈对我的行为极为懊恼，一度怀疑我是不是脑子出了问题。我最敬爱的一位商学院教授，在面对人生抉择时也总是独辟蹊径。他教导我："在寻找理想的工作时，不要问自己'我是否想为这家公司工作'，而要问'我是否想拥有这家公司'。"铭记着他的教诲，我在一家名不见经传却拥有巨大成长潜力的金融服务公司谋得一个可以平步青云的管理职位。股权的威力是强大的，即使是那些最无动于衷的招聘对象都能被打动。

每天清晨5点15分，我会准时开着新老板的见面礼——一部锃亮发光的黑色奔驰，疾驶过写字楼的地下停车场。上面这座70层高的钢铁玻璃大厦，我将在里面度过之后的几年时光。一手拿着新鲜出炉的《华尔街日报》，一手提着鳄鱼皮公文包，我大步迈向电梯，直升到位于62层的办公室。这里才是我真正的家。

一到办公室，我马上查邮件、回电话，并在接下来的16到18个小时里一直处于高度紧张和持续混乱的状态。不久，我升任部门副总裁，继而升任公司高级副总裁，这些全是我35岁之前的事。坐着头等舱飞遍世界，与商界精英握手促膝，在最豪华的餐厅用餐，签下的合同足以让同行嫉妒得发狂，对这样的日子我乐此不疲。终于，我坐进了梦寐以求的豪华办公室，也买下了滑雪小屋。而且正如我所愿，我那宝贝股权持续猛涨，直上云霄。

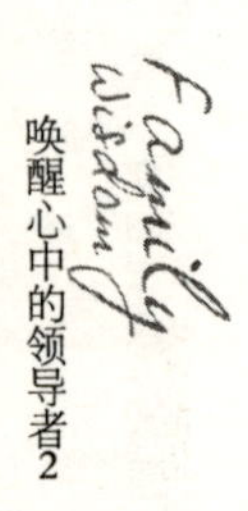

几年前，商学院的几个朋友和我一起组建了一家网络公司，叫做勇敢生活网。网站为各类公司提供一种革命性的新型培训方式，在这个竞争无比激烈的年代，为有上进心的员工提供进修的机会。我们最初组建网站不过是为了好玩儿，但没想到勇敢生活网竟然很快就成功了，仅仅几个月时间，这家独特的企业就一跃成为全美所有主要商业媒体竞相关注和报道的焦点。专家们纷纷评论，我们的企业是上市公开招股的理想之选，风险投资公司也总在我们身边打转，仿佛秃鹫在猎物上空盘旋守候。我们知道离发财的日子不远了。事业顺风顺水，我终于要梦想成真了，我就要腰缠万贯、受人爱戴了。那些我渴望已久的奢侈品，现在终于可以想买就买了。我也终于可以用自己的方式，去过自己的生活了。人生的巅峰近在咫尺，我就要踏上梦寐以求的光明大道了。

然而，距离自己的梦想越近，一种怪异的感觉却越发强烈，仿佛被人兜头泼了一盆冷水，让人泄气。不管我怎么试图掩饰或假装忽略，还是躲不开残酷的事实——我活得极其可悲。

/ 失败的家庭 /

我结婚七年了，婚姻生活如一潭死水，夫妻二人同床异梦。还记得我与丈夫乔恩·克鲁兹的邂逅，是在一处人烟稀少的度假胜地。那时，我最初工作过的那家公司组织了一批优秀管理人员，到度假村接受领导力培训。乔恩是个屡败屡战的创业者，在群山之中旅行，希望能找到些灵感。一天晚上，我们碰巧都去挑战同一项攀岩任务，不知不觉就走到了一起。他很欣赏我勇敢无畏、不屈不挠的精神，而我也被他彬彬有礼的言谈举止和对生活的热情态度所吸引。我们相爱了。我一反以往的谨慎和冷静，短短六个星期后，就步入了婚姻的殿堂。

乔恩是个好人。可在当下这个世界中，心地善良、性格坚毅的优秀品质却不再被人看重。在一起的最初几年给我们留下了很多美好回忆，然而随着时间的流逝，我们开始彼此忽略，感情也慢慢瓦解。他喜欢大自然和户外运动，而我则钟爱奢华餐厅和高级时装秀；他收藏优秀的图书作品，喜欢在后院做木工活，而我则收藏佳酿美酒，喜欢欣赏高雅艺术。不过，我们婚姻的不幸并不能归因于我俩的这些差别。真正的问题在于，我基本上都不在家，没有与丈夫共处的时间。

等我忙完一天的工作，披星戴月而归，乔恩早就睡下了。等他起床的时候，我正在开着奔驰驶向办公室的途中。虽然我们生活在同一个屋檐下，却过着彼此不相干的两种生活，我们总处在一种尴尬的关系中。然而，还有比这更让我空虚无助、心灰意冷的事。我们有两个聪明可爱的孩子。我知道，因为我总不在家，他俩常常会因为思念妈妈而难过。两个孩子从来没抱怨过见不到妈妈的烦恼，但他们无辜的大眼睛却时常流露出失望的神情。我也看得出来，他们深深渴望妈妈的陪伴。

我们的儿子波特刚满六岁，女儿萨瑞塔三岁。我知道，对于孩子个性的塑造和开发，这一段童年时光至关重要。在这个阶段，孩子们需要品行端正、富有爱心的家长以身作则，用爱和智慧浇灌他们稚嫩的心灵。我也知道，自己整天不在他们身边是不对的，但出于某种说不清、道不明的原因，我就是无法脱身，离不开办公室，放不下复杂透顶的种种工作职责。

记得睿智的父亲曾经说过：“人生不过是一连串机遇的大门，连在一起就组成了一生。”我深深明白，波特和萨瑞塔的童年时光将会一去不返，现在正是他们最需要我的时候。一旦这扇大门关上了，影响他们一生的时机也就永远与我失之交臂了，无法再去帮助他们塑造价值观、美德和愿景，无法使他们长大成人后能享受丰富多彩的生活。我也深深知道，如果在孩子们最需要妈妈的时候不能陪在他们身边，我永远也不

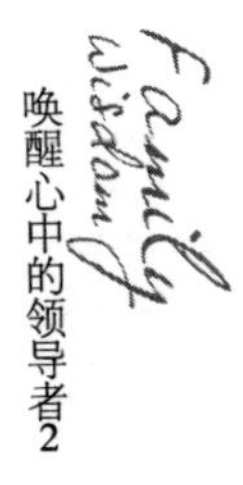

会原谅自己。我想，也许我只是缺乏足够的勇气，无法从自己混乱繁忙的生活中全身而退，好好思考一下什么是最重要、最有意义的事情。我也没有足够的智慧，去看清自己的工作和生活方式是否真的履行了那些最重要、最有意义的使命。不管我多努力，就是无法放慢自己工作的步伐，找回生活的平衡。我以为，如果失去那昂扬的激情和干劲，没有了排满事项的日程表带给我的使命感，我就真的会活不下去。虽然在每个公开场合，我都义正词严地声称家庭是第一位的，实际上却完全不是那么回事，我根本做不到。所有这些都无情地证明，与事业和金钱相比，乔恩和孩子们被我放在了太过次要的位置。

- 只有在为别人而活的时候，才能真正懂得人生的幸福。
- 世上本无伟大的事迹，唯有满怀博爱之心而做的件件小事。
- 人生不过是一连串机遇的大门，连在一起就组成了一生。

Family wisdom

第 02 章

直面死亡

如果我可以再活一次，我想过得更加优哉游哉。我会少动些脑筋，爬更多的山，游更多的河，看更多夕阳西下的美景。我将经历更多真实的困难，不再为想象出来的麻烦而忧虑。我也有过属于自己的美好时光，如果可以再活一次，多希望能有更多那样的时光。我别无他求，只想留住那一段又一段的时光。一路上，我多希望能采摘更多的雏菊。

娜丁·斯泰尔

很多人直到生命的尽头，才能恍然大悟、看破人生。面对即将永别的人世，才能悟到人生最深刻的意义，意识到错过了多少美好的事物。这样看来，生命竟如此残酷。生命赋予的最美好的礼物，常常要等到一切即将结束时，才会送到我们手中。当我们还年轻、有大把的日子任凭我们挥霍时，真正的生活却常常被我们一拖再拖。“等到明年，我会用更多时间沉浸于大自然，寻找更多欢笑，付出更多爱心。等到明年，我会花更多时间陪一陪孩子，用更多时间读几本好书。等到明年，我会享受更多夕阳西下的美好时刻，与朋友建立更为深厚的友谊。但是现在，还有很多事等着我做，很多人等着我见。”这就是当下最典型的借口。而我现在懂得了，如果你不驾驭生活，就会被生活驾驭。几天拖延成几周，几周拖延成几个月，等你明白过来，这辈子也快走完了。人生的智慧其实很简单：不要再去被动地应付生活，请开始主动设计自己的人生。重返人生这场游戏，你了然于心的那些命中注定、等待你去实现的奇迹，现在就等着你亲手把梦想变成现实了。从今天起，请用一种全新的方式去生活，用一种当你即将离开这个世界时，脑海中可能会期望的方式去生活。引用马克·吐温的一句话：让我们尽情地生活吧，等到我们葬礼的那一天，就连殡仪馆的人都会因我们的离世而伤心哭泣。

这个世界多么奇特。我们可以发射导弹，不差毫厘命中千里之外的目标，却不敢过条马路跟新搬来的邻居打个招呼。我们对着电视发呆的时间，远远多过与孩子共享的时光。我们口口声声说要改变世界，却连改变自己都做不到。然后，当我们年华老去，用所剩无几的时间停下脚步、回首往事时，才会意识到，从前曾有那么多可以享受的欢乐时光，有那么多可以付出的爱心和关怀，可以成为那样优秀的一个人，而这些，我们都错过了。等到我们顿悟的那一刻，一切都太晚了。等到我们从生活的温床中一觉醒来，却到了永远睡去的时候。谢天谢地，我还没到那个时候就醒悟了。

/ 生死瞬间 /

那次，我应邀飞往旧金山参加一个高科技论坛，探讨勇敢生活网的成功经验。那几天正赶上暴风雪，地面交通全部瘫痪，我跟两位合伙人差点儿没赶上航班。当我们最终登上了飞机，悬着的心终于放了下来。我们陷进头等舱的豪华座椅中，品着美酒讨论演讲内容。一整天的紧张工作使我感到有些累了，聊了半个小时就退出讨论，昏昏沉沉睡了过去。

突然，我被机长的广播惊醒。“各位乘客请注意，飞机遭遇了恶劣天气。情况可能不太乐观。请确认您已系牢安全带，并收起小桌板。”虽然他尽力让语气保持平静，可是声音中却透出一丝异样。我暗自揣测，不会遇到什么连机长都对付不了的大麻烦吧。之后的广播更是让我心惊肉跳。“现在的恶劣天气给我们机组人员带来了不小的挑战，请您再次确认安全带已系好。飞机即将进入风暴区，我们会随时通报最新消息。”

机舱灯灭了，应急照明灯打开了。飞机开始剧烈震荡，杯子盘子满天飞。这种持续的颠簸最初还可以忍受，但后来强烈到让我头晕恶心。我惊恐地看着合伙人杰克，他英俊的脸酷似年轻时的沃伦·贝蒂。跟我一样，他也有两个孩子。杰克是个在压力下也能保持优雅风度的人，此时竟也惊慌失措，大口大口喘着粗气。他颤抖着抓住我的手，费力地说了一句我一生都忘不了的话：“凯瑟琳，飞机可能要失事了！”

我无法用语言形容随后几分钟的感受。我心里明白杰克说得没错，可面对生死关头，一种平静的感觉却将我包围。紧紧握住他的手，我闭上了眼睛。我想到了两个孩子，脑海中像过电影一样闪过波特天真的笑脸，我的心一下就被温柔填满。突然记起小宝贝第一次说话、第一次走路的可爱模样。仿佛看到他在后院的树顶小屋幸福地傻笑，看到他狼吞虎咽地吃着胡萝卜蘸花生酱，记得他说过，这东西可以让他以后变成大英雄。我仿佛看到萨瑞塔咯咯笑着在床上蹦来蹦去，大声唱着在幼儿园学到的儿歌。而后，我又看到了乔恩，看到他在后院晒着太阳，悠闲地喝着冰啤酒，杯沿上还插着一角柠檬，旁边是他最爱的烤肉架。记得他曾开玩笑说，他爱那个烤肉架胜过爱我。脑海中的电影此时放着慢镜头，我看到一家四口唯一一次共度假期的难忘时光。那次，我们一同去了加拿大的落基山。真不可思议，飞机失事前的最后几分钟，脑海中转过了无数想法，竟然没有一个是关于我自己和我的事业的。我想，可能哲人说过的话是真的：在生命即将终结的时候，平时以为重要的事情，在那时看来不过是小事一桩；而曾以为微不足道的事情，在那时看来却无比重要。

患难之时，直面死亡，我没有想着这辈子赚到的钞票，没有想着我开过的好车，也没有想着名片上赫然印着的高管职位。我不再纠结于公司是否盈利，不再得意于我在杂志封面上的照片，当时全部的所思所想全部围绕着我那温馨的小家。我只记得，自己是多么深沉地爱着家人，如果就此永别，会是多么依依不舍，又会是多么懊恼，懊恼当初没能与家人共度更多的时光。记得父亲曾经说过，他从来没见过灵车后面跟着搬家公司——就算这辈子积攒了再多的财富，死后还是一样也带不走。唯一能带走的，只有回忆，最美好、最珍贵的回忆。生死关头，我终于悟到了这个真理：家人才是最重要的。

- 不要再去被动地应付生活，请开始主动设计自己的人生。
- 在生命即将终结的时候，平时以为重要的事情，在那时看来不过是小事一桩；而曾以为微不足道的事情，在那时看来却无比重要。

Family wisdom

第 03 章

再活一次

英雄情结造英雄。

本杰明·迪斯雷利

从昏迷中苏醒过来时，一群急救医生正推着我冲进急诊室的大门。我时而清醒时而恍惚，听到有人在喊：“她又要昏过去了！所有生命体征正在消失！快上手术台！”

天哪！我竟然是空难幸存者。衣服被鲜血浸透了，手臂和双腿满是伤口。我觉得又冷又渴，找不到方向感。我突然意识到，自己很可能会死在手术台上。

我不知道自己身在何处，也不知道家里人是否接到了我出事的通知，更不知道我那两位合伙人是生是死。但是，恐惧的心很快归于平静，不知道为什么，我坚信自己一定能闯过这一关。从那一刻起，我明白了一点，世间万事万物自有其发展变化的规律，而每件发生在我们身上的事，都有其发生的原因和意义。挫折中必然能找到上天的恩惠，让我们吸取教训，走向人生的更高境界。伟大的诗人朗费罗曾这样说："人生之火的灼烧和人生之雨的冲刷，于我正如上天的恩赐。"我知道，大难不死，必有其中的深意。但当时我想不明白个中奥秘，也不知道我能从中吸取什么样的教训。

/ 神秘的身影 /

经过 12 个小时的紧张抢救，我终于转危为安，被送入重症观察室，开始了漫长而痛苦的恢复过程。第二天清晨，我被两个稚嫩的声音唤醒。"妈妈醒醒嘛！妈妈醒醒嘛！我爱你！我爱你！"——波特和萨瑞塔来了。这无疑是世间最美好的声音，他们像祈祷般一遍一遍重复着。我用尽全力睁开双眼，看到波特站在那里，穿着他最喜欢的"好奇的乔治"T 恤，萨瑞塔穿着她最爱的红色连衣裙。乔恩站在他们身后，泪水顺着脸颊拼命往下流，哽咽得一句话也说不出来。他们看到我醒了，一起冲过来抱住了我，一家人失声痛哭。

我在那家医院足足躺了好几个月。让我悲痛欲绝的惨剧果真发生了，那次飞机失事夺走了很多人的生命，包括我的两位合伙人，杰克和罗斯。他们的离世给我带来无比沉重的打击。过去这几年，我们三人一起经历了太多的风风雨雨，没有了他们，我一个人开公司还有什么意思。他俩对我而言，远远不止是勇敢生活网的合伙创立者而已，他们是我最好的朋友。据联邦航空管理局称，这次事故原因最终定为"飞行员失误"，律师随即介入，为我争取应得的权利。但我放弃了索赔的机会，只想赶快把这次不幸抛在脑后，养好身体，回家和亲人团聚。每天，乔恩跟孩子们都会来看望我，我把精力全部投入到康复治疗上，就想着能快点好起来。医生和护士就像上天派给我的守护天使，无微不至地关心、照顾我。随着日子一天天过去，我渐渐恢复了元气，重拾对未来的希望。但是，一天晚上，一件奇怪的事情发生了。

那天，探望时间刚刚结束，乔恩领着孩子们回家睡觉去了。我拿起了翠娜·鲍路斯的名著《花盼》，这本书带给了我很多启迪和思考。正当我伸手去拿床头的热茶时，一个坐着电动轮椅的身影飞一般地从门口一闪而过。

我心中纳闷，这么晚了，怎么还有人在医院里横冲直撞，但注意力很快又回到书中。自从事业占据了我绝大部分精力之后，我就放弃了阅读的习惯。而这次变故发生后，我发誓要重新找回那些最重要、最有意义的东西。每天读一些充满智慧的文学作品，就是其中之一。这次飞机失事于我而言，正是一个顿悟的契机，也是敲给我的一记警钟，让我重新思考什么才是最重要的，好好整理一下自己的生活。我想，既然上天给了我再活一次的机会，我就要从此开启更加富有智慧的人生，做一个言出必行的人、一个满怀美德的人。我暗下决心，要回归人生本色，把曾经复杂的生活简单化。

罗伯特·路易斯·史蒂文森①曾写道："最美好的事物近在咫尺：肺腑中的呼吸、眼神中的光芒、脚边的小花、手中的责任，通往正义的道路就在你面前。不要妄想摘下遥不可及的星辰，请接纳生活中的平凡小事，完成每项职责，享受每顿面包，人生的美好正在于此。"

刚刚把注意力转移到书上，奇怪的事情又发生了。轮椅中的身影第二次从门前飞驰而过，而且比上次更快了。更不可思议的是，这个人开

① 罗伯特·路易斯·史蒂文森（Robert Louis Stevenson，1850—1894）：苏格兰小说家、诗人。著名儿童小说《金银岛》的作者。——编者注

始大声唱歌。我熟悉这首歌，父母在我小的时候常常哼这首歌给我听，好多年没听过了，没想到这个怪人竟然也知道歌词。我必须弄明白这人是谁。可是会不会不安全？如果他是个街上跑进来的疯子怎么办？最终，好奇心还是战胜了担忧，驱使我从床上爬了起来，拄着拐杖走向门外。

我慢慢挪到走廊里，想看看这个疯子究竟是谁。可我什么都没看到，走廊里空无一人，寂静无声，只有两个年轻护士在值班。“嗨!”我一边在走廊里挪动，一边微笑着跟护士打了个招呼。

“嗨，凯瑟琳，”护士们应声道，“你还好吗?”

“很好，”我答道，“我只是想看看刚才是谁在走廊里跑来跑去的。我觉得他速度太快了，说不定会伤到人的。还有，这么晚了，他怎么还唱歌呢？如果你们再看见他，请跟他说别跑那么快了。顺便告诉他，下次唱歌前先补习两节音乐课吧。”

“我们没看到有人啊。”护士们异口同声地答道。

“没看到?”我有点儿不敢相信。

“真没看到，不好意思。凯瑟琳，你会不会是做了个噩梦啊?”

“肯定不是梦。我看到一个坐着电动轮椅的奇怪身影在走廊里忽地一下闪了过去。他还唱着我小时候特别喜欢的儿歌，我好多年都没听过那首歌了。”

说完这些话，我才意识到自己听起来有点儿傻。护士们笑了起来。

“你在跟我们开玩笑吗?”

“没有，我是认真的。要是再看到他，一定要告诉他，”我还是固执地坚持，“告诉他慢点儿走。”

“好吧，凯瑟琳，我们会的。”其中一个护士一边笑一边答道。

/ 我的哥哥 /

我转身慢慢挪回自己的病房。突然，地上一个闪闪发光的东西吸引了我的注意力。我捡起它，对着光一看，顿时呆在那里，简直不敢相信自己的眼睛。这是一只金蝴蝶，父亲曾送给我和哥哥朱利安一人一只，以此让我们时刻铭记，长大成人后要保持自由的思想来引领自己成功的人生。父亲送给我们金蝴蝶那天，正是他荣任联邦法院法官的日子。还记得那时我为父亲感到无比骄傲，他为了实现心中的目标，始终不辞劳苦地工作，他的成功真的是实至名归。父亲真是个大好人，高尚、慈爱、诚实得有些过分。

我把金蝴蝶珍藏在家中。父亲去世后，我将它视为我最宝贵的东西。我不知道哥哥朱利安会怎么处置他的金蝴蝶。你要是认识朱利安，就一定会想，他可能早就把金蝴蝶便宜卖了。不得不说，我哥哥是个不一般的角色，你一辈子都不一定能碰到他那样神奇的人物。很难描述他这个人：聪明绝顶、才华横溢、傲慢无礼、疯狂野性，这几个词远远不够形容他的为人。

他从小就是全班最聪明、最骄傲的学生。他有着电影明星般的外表，学校里的漂亮女生纷纷向他示好。他还有个聪明绝顶的脑袋，学校里的奖项他拿了个遍。上大学时，他是最优秀的运动员、最机敏的辩论手，他学习成绩名列前茅，还不耽误做花花公子。上天就是不公平，把所有天赋全都给了他一个人。他不止拥有聪明的头脑和富有魅力的外表，而且精力超级充沛，他身上的活力能感染所有的人。最重要的是，朱利安有一颗善良的心。我真的很爱他，把他当做我的大英雄。我们的童年充满了欢乐，夏天在湖畔小屋度过，冬天一起去山上滑雪。我们共度的时光总是充满了欢声笑语，还有互相给对方搞的那些恶作剧。总之，朱利安是个很棒的人，我从心里想念他。

不出意外，朱利安以全班第一的成绩从哈佛大学法学院毕业后，立刻就成了国内众多顶尖律所争相追捧的热门人物。没过多长时间，朱利安声名鹊起，被誉为全美最优秀、最犀利的诉讼律师。他所取得的成绩，不管从哪个角度去衡量都十分优秀，就连我那一向要求很高、很少赞许别人的父亲，一提起他总会开怀大笑，说：“这孩子不错，真有出息。我打赌，他早晚能进最高法院。真是青出于蓝胜于蓝啊！”

作为全美最机智果敢的诉讼律师，朱利安大受追捧，拿着七位数的薪水，尽享世间最奢华的享受。他买下豪宅，与电影明星和外交官做邻居。他购置私人飞机，以皇家气派在客户间穿梭。为了做一身出庭的行头，他会用飞机专门把裁缝从意大利接过来。他还买下一座小岛，取名“涅槃”，希望能在那里放慢脚步，重拾自我。在朱利安所有奢华的财富中，他最最钟爱的，当然还属那辆闪闪发亮的红色法拉利。他总是把车停在家门口，骄傲地炫耀。多年的努力奋斗最终换来了成功，其间也伴随着必然的牺牲和舍弃，而这辆法拉利正是他给自己的回报，为他带来欢乐和激情，来弥补那些失去的东西。

朱利安在法律界的事业蓬勃发展，而感情生活也有了可喜的结果。他与一个美丽的女人喜结连理，并有了个漂亮女儿，取名叫艾丽。艾丽很可爱，她聪明活泼、爱笑、淘气，我从没见过哪个小女孩像艾丽这样光彩四射。女儿改变了朱利安的生活重心。他还是那位成功的大律师，在法庭上还是那么牙尖齿利。他心中还是燃烧着争强好胜的火焰，促使他不断进取。但随着孩子一天天长大，他不再把精力全部投入到工作中。我发现，他渐渐开始迷恋上家庭生活，开始每个星期五给自己放假，什么都不做，带上妻子和孩子出去郊游。那时候，朱利安真的好幸福。

朱利安一直保持着俊朗的外表和健硕的身材，当他与家人在一起时，脸上更是散发着幸福的光芒。每当看到他和艾丽一起时眼中闪烁的

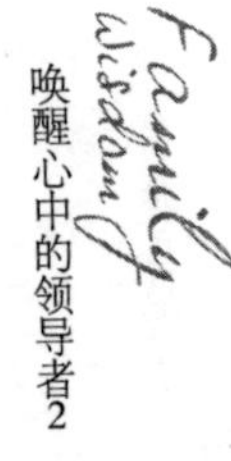

那种温柔之光，我就觉得，在这个复杂纷乱、永无定数的世界中，朱利安找到了所有人都渴望获得的内心深处的宁静。朱利安被幸福笼罩着，给他整个世界都不换。

但万万想不到，生活有时竟会给我们一个避之不及的下马威。我们达到人生顶峰的时候，常常正是巨大灾难的开始。从那一刻起，所有我们最宝贵的东西都会被无情地夺走，最终只剩下自己一人独自呆坐在黑暗中，面对深渊不知所措。然而，就是在那人生最悲惨的时刻，我们才能一眼洞穿自己的真实样貌。正是那些最深刻的痛苦，才能揭露我们最深刻的本性。只有在生命的最低谷，我们才会觅得自己最坚定的动力。而随后发生的事情，让朱利安拥有了从前想都不敢想的巨大力量。

在一个阳光灿烂的秋日午后，朱利安开车带艾丽去参加小朋友的生日派对。他看到远处一辆汽车迎面飞驰而来，一开始他没多想，但随后那辆车不但没有开回正确的车道，反而加速冲向他和艾丽的车子。接下来几秒钟发生的惨剧永远改变了朱利安的一生。

那辆肇事车司机跟朋友喝了一天酒，开车时失去控制，迎头撞进了朱利安的车。不可思议的是，朱利安除了擦破点儿皮外，毫发无伤。而可怜的小艾丽却没那么幸运，事故发生的一刹那，她的头撞到了挡风玻璃上，受了致命伤。在哥哥抱着艾丽坐在马路中间狂喊救命时，孩子已经永远离开了人世。经过这次让人心碎的悲剧，朱利安再也回不到从前了。以前，每一天对他来说都充实饱满，而现在，熬过每个小时都是种折磨。他被彻底击垮了。

他用一种近乎绝望的方式麻痹内心的痛苦，每天只要醒着就去工作，有时几个星期都不回家，就睡在办公室的沙发上。那些会让他忆起往事的人，他一概不见。而这种一心不二用的状态，竟然给他的事业带来了更为显赫的成功。但同时也致使他人性的一面更加缺失。作家卡洛斯·卡斯塔尼达曾写过这样的话：“凡人与勇士之间最本质的区别是，勇士把所有经历都当成挑战，但凡人却把一切都归于上天的祝福与诅咒。”我想，那时的朱利安一定觉得自己被诅咒了。

后来，他的妻子最终决定离开他，说她再也无法忍受朱利安对工作的痴迷和对感情的冷漠态度。她向我倾诉，为了把朱利安从那种极端的状态中拉回来，她什么方法都试过了，但都没有用。更让人绝望的是，朱利安用语言和行动明确地表示，他不接受任何形式的帮助。谁的话他都不听，他只想一个人待着，其他人都统统去“管好自己的事，把好心肠留着可怜别人去吧”。

朱利安开始酗酒，过着无度的生活。他睡得太少，吃得太多，性格变得乖僻暴躁，把最亲近的人都赶得远远的。唯一一点儿空闲时间，他不是泡在皮包骨头的时装模特中间，就是和一群聒噪的投资银行家厮混。那段时间我根本见不到朱利安，打电话也不接，我真的很担心，觉得哥哥迟早会遇到麻烦，而且是大麻烦。

一次，我看到他手提两个塞满乱纸的公文包，满头大汗地在街上赶路。真不敢相信哥哥变成了这副模样，我不禁伤心地流下了眼泪。他昔日年轻英俊的脸如今布满皱纹，眼中满是伤感。那曾经让他倍感自豪的雕塑般的身材，如今满身赘肉，老态龙钟。而他脸上标志性的迷人笑容，也早已不见踪影。看到朱利安，我黯然神伤，实在不忍眼睁睁地看着我深深爱着、敬佩着的哥哥，经历如此炼狱般的折磨。

/ 不辞而别 /

几个月后，我接到朱利安一位事务所合伙人的电话。他告诉我，朱

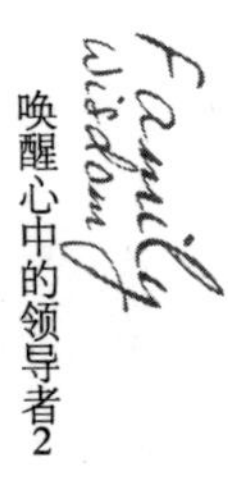

利安在一次出庭时突发心脏病，当场倒在法庭中。他立刻被送往医院，幸运地躲过了死神的威胁。但是，朱利安仍然固执地拒绝所有想探望他的人。“特别是家人。”合伙人强调说。

“难道让我见他几分钟都不行吗?”我乞求道。

“我也希望你能去，凯瑟琳，但是你了解朱利安。他不让任何人在他房间停留，不准医院打开他病房的门。他甚至还威胁一位医生，说如果有人胆敢把病房里的电话号码透露出去，他就起诉医院。”

“这还真是朱利安做得出来的事。”我心下暗想。就算在他最脆弱的时候，还是改不了与生俱来的律师脾气。

“还有件事，我觉得我得告诉你，凯瑟琳。”合伙人压低了声音补充道，“连我也不敢相信，朱利安说他以后不做律师了。他已经递交了辞呈，准备离开事务所了。”

“这不可能!”我惊呼道，简直不敢相信自己的耳朵，“法律早就融入朱利安的血液里了，跟我父亲当年一样。他从5岁起就决定要做律师了。”

“我只是转告一下今天早上他跟我说过的话，凯瑟琳。”从他的口气中听得出来，朱利安的决定也让他受到了不小的打击。

言出必行，朱利安几周之后真的淡出了法律界。更让人想不明白的是，仅仅几个月的时间，他就变卖了自己所有的财产——豪宅、飞机、小岛。更让人意外的是，他竟然把那辆红色法拉利也卖掉了，那可是他最心爱的东西，是成功和身份的象征。朱利安一个朋友告诉我，他去了印度，说要去寻找什么“人生最深刻的意义”，而且没留下任何联系方式，也没说什么时候回来。

“你怎么想?”我问他的朋友。

“我想，我们可能再也见不到那位伟大的朱利安·曼特尔了。”他声音低沉地答道。

年复一年，时光飞逝。朱利安从来没联系过我，连张明信片也没给我寄过，就好像他拒绝承认有这个妹妹，拒绝一切与女儿生前有关的点点滴滴。而我也没能从朱利安的堕落中学到任何教训，虽然有了自己的家，可还是任凭事业占据了生活的全部。随着时间的流逝，我想起朱利安的次数越来越少，但每当乔恩跟孩子们上楼睡觉后，在夜深人静之时，我还是会牵挂哥哥，不知他身在何方，过得好不好。我总能回想起儿时的夏天，我们俩在湖里开心地游泳划船，也总是回想起他的幽默，记得小时候谁要是不小心惹到他，他总有各种各样的恶作剧等着整人。我永远也忘不了朱利安眼中散发出的光芒，也许是遗传吧，艾丽眼中也有着一模一样的动人光芒。我真的好怀念我那宝贝侄女，真的好想再次见到我的哥哥。

- 人生之火的灼烧和人生之雨的冲刷，于我正如上天的恩赐。
- 我们达到人生顶峰的时候，常常正是巨大灾难的开始。
- 正是那些最深刻的痛苦，才能揭露我们最深刻的本性。

Family Wisdom

第04章

心灵神医

幸福与否，与财富和金钱的多少无关。幸福或痛苦本就住在灵魂里。智慧之人无论身处何方都自在怡然，整个宇宙都是他温暖的家。

德谟克利特

“我是负责为你治疗的新大夫。”走廊尽头阴暗处传来一个声音。我抬起头，不禁呆住了。一个身着白大褂的年轻人从轮椅中站起来，从黑暗的角落向我走来——正是刚才在楼道中飞驰的轮椅和身影。他脖子上像模像样地挂着听诊器，可他的衣服还是吓了我一跳。在白大褂下面，他穿着一件带帽子的红色长袍，就像中国西藏的僧侣穿的那种。僧袍剪裁得体，面料精美，随风飘动的下摆绣满了繁复的花纹。昏暗的灯光下还是看不清这人的庐山真面目，但随着他越走越近，我强烈地感受到他年轻英俊的脸庞散发着的活力与能量。隐约看去，他的面孔好熟悉。

他走近了，我看清了他的双眼，像两颗光灿灿的钻石般闪耀着。那眼神仿佛一下子穿透了我的灵魂，我呆立在那里，挪不动步。

“你是哪个科的医生？”我好奇地问道，“看起来跟别的医生不太一样。请别介意我这样说。”

“算是家庭医生吧。”他年轻的身影大部分仍然笼罩在走廊的阴影里，使他看起来有些神秘。

“我看你倒更像个巫医。”我笑道。随即便摆出了CEO的架势，用命令的口吻说：“年轻人，我用不着家庭医生。我是因为飞机失事受了重伤，目前只需要专科医生。所以，对不起，我没什么兴趣。以前的医生很好，不需要换新的。而且实话实说，你这身打扮让我不太舒服，你以为穿件袍子就能换得别人的信任了？”

“冬天穿着很暖和呢。”他微笑着回答，“而且，这身僧袍可以时刻提醒我，我是谁。”

“那么你是谁呢？”我一不小心上了钩。

“这个问题我们以后再谈。现在，你只要知道我是来帮助你的就够了。请相信我，我真的是为你好。”

“让我信任你？你没搞错吧？”我开始有些生气了，“你知道我经历了多少磨难吗？你知道我忍受了多少痛苦吗？我什么都不需要，把以前的医生给我找回来，再开点儿止疼片，我要回病房休息了。你穿件袍子假装医生，还说什么要我信任你。”

“我并没有要求你做任何事，”年轻人平静地说，“我只是来告诉你，我能用你现在想象不到的方式帮助你。如果你只是想恢复身体的健康，那么你以前的医生的确很优秀，在行业内也是数一数二的专家。”

“你到底想说什么？”我有些生气了。

“医生自然会帮助你恢复身体健康，但我此行的目的却远不止于此。

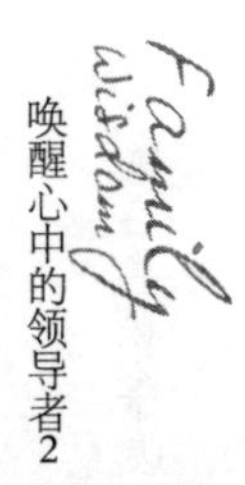

我是来帮你整理生活、重拾幸福的。”他停下来想了想，好像在十分谨慎地思考接下来要说的话。他的语气变得温柔而深沉，比他看起来的年龄要成熟许多。“我知道，生活上你面临很多挑战，特别是家庭方面。我也知道，你经历的不仅仅是飞机失事导致的伤痛，还有精神上的危机。这次意外迫使你不得不去直面自己以往的生活方式，重新思考人生的重心。我还知道，你把家庭看得很重，内心的声音一直催促你要把家人放在首位，否则将来后悔都来不及了。”

“你到底是怎么知道这些事的?”我轻声问道，试图在这个无所不知的神秘人面前尽量保持镇静。

“相信我一次吧，所有关于你的事我都一清二楚。我知道你从小在哪儿长大，我知道你最爱的甜点是苹果派上加一勺巧克力冰激凌，我知道你最喜欢的电影是《华尔街》，我还知道你身上哪里有胎记……”

“别说了!”我打断他，“够了!”

这家伙到底是谁?一开始，他以一级方程式赛车起跑的速度“驾驶”着轮椅横冲直撞。后来，又编造出什么“家庭医生”的不着边际的故事来。现在，他竟然开始道出我那些最不为人知的生活细节。我开始担心了，说不定这是个危险角色。

“听着，我不知道你是何方神圣，我也不关心，”我努力掩饰自己的担心，“我累了，伤口很疼，需要休息。你最好坐回你的轮椅，随便你去哪儿，我就当今晚没遇到你。你要是不听，”我用尽力气，装出一副威胁的样子，“我马上就让护士去叫保安。”

没想到他竟然毫不惊慌，还是一副自信的模样。他笑了起来，一开始还好，后来竟哈哈大笑。

“凯瑟琳，看看你自己现在这副样子多好笑。瞧你穿的那件滑稽的病号服，还好意思跟穿着白大褂的人发脾气。我一直喜欢你身上这股冲劲，不肯让任何人拿你开玩笑。看到这些年你一点儿都没变，我很欣慰。”

他居然知道我的名字，我真的开始害怕了。我转身走向护士，想叫人帮忙。没想到他一把抓住我的手，往里面塞了什么东西。

“放开我!”我大叫，想引起护士的注意。

“放开你可以，”年轻人把手拿了回去，“把我的金蝴蝶还给我。”

“你的金蝴蝶？你知道自己在说什么吗？真是个疯子!”我高声喊道。低头看了一眼手中的东西，我呆住了。

“你从哪里弄来的金蝴蝶?”我竭力让自己冷静下来。“在我小时候，父亲曾送给过我一只这样的金蝴蝶，”我轻声说，“这是他专门找人给我和哥哥朱利安做的，是与众不同的，我再也没见过同样的金蝴蝶。世上应该只有两只才对，看来我错了。”

“世上的确只有这两只。”那人温柔地答道。

我想不明白了。既然世上只有两只，我那只珍藏在家中，另一只在朱利安手里，那这个医院里的陌生人怎么会也有一只？我又开始担心了，也许朱利安遇到麻烦了。

“你认识我哥哥朱利安?”我抱着一丝希望。

“跟他太熟了。我们简直是不分你我。”他脸上带着深藏不露的坏笑。

“他在哪儿?”我急切地问道。

“他就在这里，”他答道，“现在就在这家医院里。”

“你别开玩笑了!”我开始心跳加速，一阵晕眩。我的哥哥，那位昔日的明星级大律师，因为生活的悲剧从世间隐去，多年前就只身前往印度寻找自我。难道他真的回来了？真的就在这家医院，在我的身边？这根本不可能!

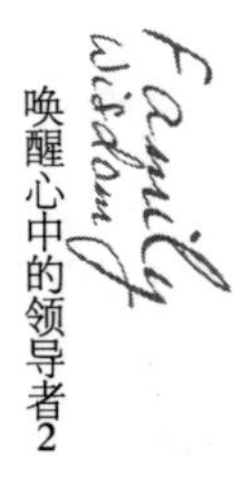

“他到底在哪里?”我再也忍受不了这场对话游戏了，又一次问道。

“他现在就站在你眼前。朱利安回来了，回到你身边了。而且是一个比以前更好的朱利安。”年轻人开心地答道，一边说一边兴高采烈地动了动身子。

“真的很抱歉，”我真诚地说，“我能感觉到你没有恶意，但我真的想不明白你到底是谁，为什么到这里来。如果你真的知道朱利安在哪里，请赶快告诉我怎么才能找到他。”

年轻人退后一步，像印度人那样双手合十，向我行礼。他站在那里，直视我的双眼，仿佛能洞穿我的一切思想。沉默笼罩着我们，除了他均匀有力的呼吸声，周围一片寂静。一滴眼泪顺着他的脸颊缓缓流下。随后，他重新恢复平和的神情，用长袍的衣袖慢慢拭去泪痕。他顿了顿，回答了我的问题。

“因为，我就是朱利安，我亲爱的妹妹。”

年轻人从阴影中现身，我终于看清了他的脸。不管哥哥变成什么模样，我都能认得他。没错，真的是哥哥。在喜马拉雅历尽千辛万苦的哥哥，现在真的回来了。

Family Wisdom

第05章

人生需要领导力

碌碌无为，自然无所牺牲；取得成就，必然要作出牺牲；名垂青史，则需作出巨大的牺牲。

詹姆斯·艾伦

我再也抑制不住激动的心情。和唯一的哥哥久别重逢，我无比幸福，任凭快乐的泪水夺眶而出。这几分钟恣意的泪水，比以前整整十年流过的泪加在一起还要多。我们紧紧拥抱着对方，不肯放手。真不敢相信，回到我身边的朱利安竟像变了个人似的。他是怎么找回青春活力的？这几年又有着怎样的神奇经历？算一下，他现在应该快六十岁了吧。记得几年前我最后一次见到他时，他看起来简直像个七八十岁的老头子。那时，他满脸深深的皱纹中刻满了痛苦和压抑，一看便知是生活毫无节律的结果。他体重严重超标，总是不停地咳嗽，而且呼吸困难。我觉得，那时候朱利安已经生无所恋，他那么没日没夜地工作，就像故意给自己开的一剂毒药，唯有等待时间为一切痛苦画上句号。

可现在站在我面前的这个朱利安，看起来十分健康，身体强壮有力，体态轻盈优雅。他的面孔散发着青春与欢乐的气息，那双能洞穿一切的眼睛更是让人过目难忘。那眼神告诉我，在他年轻的外表下有着深沉成熟、饱经沧桑的灵魂。他看起来是那么睿智、脱俗、沉稳、慈祥。“人类最大的不足，就在于实际行为与有待挖掘的潜能之间巨大的差距。”人类学家阿什利·蒙塔古曾这样说过。而我面前这个强壮而谦逊的人，却似乎用某种方式开发出了自己所有的能量。我说不清为什么会有这种感觉，但就在那一刻，面对他，我仿佛看到了伟大灵性与人类情感的完美融合。

“是不是有些难以置信？但真的是我。见到你真是太好了，凯瑟琳。这些年里，你不知道我有多想念你。”朱利安一边说，一边又给了我一个大大的拥抱，轻吻着我的额头。

“你为什么不给我打电话？哪怕写封信也行呀。”我答道。

他愣住了，很长时间没有说话，痛苦的表情笼罩着他的脸。“对不起，我不应该这样做。但是自从艾丽离开后，我的精神完全崩溃了。这辈子我还从来没那么痛苦过，有的时候，我面对事实无法自拔，连从床上爬起来的力气都没有。我不想说话，也不想见任何人。我把全部时间和精力都投入到工作中，只有这样才能暂时忘却失去艾丽的痛苦。”

“可我们能帮你呀。”我真诚地说。

“你帮不了我，凯瑟琳。我伤得太深，只能远离这个伤心的地方。你听说我犯心脏病的事了吧？”

“是的。”我满怀同情地答道。边说朱利安边搀扶着我，一起向病房走去。

“那次，我差点儿就死了。医生说我能活下来简直是个奇迹，还说我有一颗勇敢的心和战胜病魔的勇气。那次心脏病发作之后，我再也不

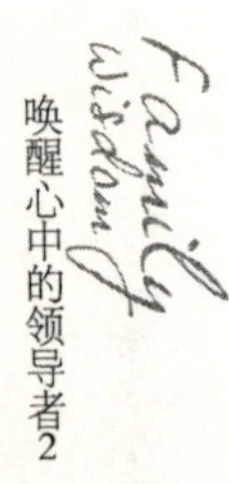

想回到从前的生活状态，回到法律这个行业。以前一心扑在事业上的热情一下子消失得无影无踪，我开始对一些新的东西满怀渴望。”

“什么东西？”

“我想去探寻生命中最深刻、最本真的意义。这其实不是什么新鲜事，当下很多人都在思考这个话题。有时我们会向自己提出一些宏大的问题，比如：‘我们为什么来到这个世界？’‘我为什么会出现在这里？’‘我存在于这个世界真正的使命是什么？’”

“我也听别人谈起过，朱利安。”

“嘿，你终于叫我朱利安啦，妹妹！你终于相信我就是你的哥哥啦！”

“当然相信。可是，你的变化真的好大。”说着，我靠向哥哥，亲吻他那古铜色的脸颊，紧紧地拥抱着他。哥哥慈爱地吻着我的额头，我们互相依偎，静静感受着只有兄妹之间才有的那种美好亲情。我靠在他怀里，突然感觉他有些颤抖。抬头看向他的脸，只见一串晶莹的泪珠又滚落下来。我也忍不住哭了。兄妹俩抱在一起，任凭幸福的泪水痛快地流着。

/ 做真实的自己 /

很快，朱利安恢复了平静。情感和眼泪在我面前展露无遗，朱利安竟然一点儿也没有因此而难为情，以前的他可绝不会这样。“自从我们长大后，你就没见过我掉眼泪了吧，凯瑟琳？”

“是啊。”

“我远离尘世的这段时间学到了很多东西，其中一条就是我们要保持真实的自我。”

“保持真实的自我？”我不太明白朱利安的意思。

“是的，凯瑟琳。很多人一生都戴着面具生活，把真实的自我隐藏得很深。我们不愿展现出人性多姿多彩的一面，而是竭力去塑造另一个形象，一个我们认为这个世界会接纳的形象。我们说着别人爱听的话，穿着别人爱看的衣服，做着别人希望我们做的事情。我们不去享受属于自己的生活，而是不停地为别人做嫁衣。这样的日子，就像是慢性自杀。‘结束生命，不过是诸多死法中的一种而已。’探险家阿尔瓦·西蒙这样说过。所以，现在我倾听心灵的声音，内心深处告诉我应该怎样去生活，我就怎样去生活。如果我想哭出来，就像刚才因为我们兄妹重逢而激动不已，我就痛快哭出来。如果我满心欢喜，就大声唱出来。如果我感受到爱在燃烧，就大胆说出来。可能你觉得我这样做情感太过外露，但这正是一种活在当下的精神。尽情享受每个时刻，投入地生活，去体验这份叫做‘人生’的伟大礼物。”

“这就意味着你是‘真实’的?”我问。

“是的，这意味着我是用最原来、最真实的方式去生活。这世上有太多人都被驯化了。”

“被驯化了?”

“是的。有些人特别擅长在他人眼中保持美好形象，做着别人期望他们做到的事。他们被驯化了，就像会演马戏的海豹一样。”

“这么说是不是有点儿过分了，朱利安?”

“一点儿都不过分，凯瑟琳。我们最崇高的义务，就是要敞开心扉去大胆生活。最基本的责任，就是去饱尝人生的酸甜苦辣，以自己最佳的面貌认真地度过每一天。这就意味着，我们要活得真实，懂得倾听自己内心深处的呼唤。面对你认为错误的事情，要敢于拒绝，这样，你才能接纳所有那些真正重要与正确的东西。日复一日，你会过得更加充实；年复一年，你的人生会更加丰富。”朱利安继续道，“我当然可以回去继续做我的律师，但那样的话，就证明我被自己打败了。”

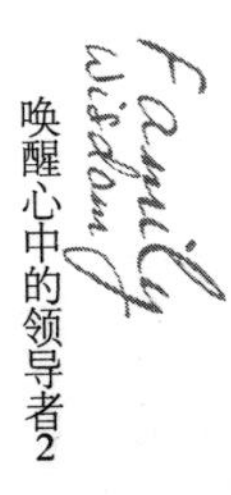

“为什么?”

“因为，那么多的诉讼经历让我明白了一点，每件发生在我们身上的事情，必定有其发生的原因和意义。”

“完全同意。”这的确是我从最近的不幸中体会到的一点心得。

“不仅如此，我还明白了，人生中的失败和磨砺恰恰是我们最好的朋友。‘电话之父’贝尔的话说明了这一点：‘一扇门关闭的同时，另一扇门会向你敞开。然而，我们常常会盯着关上的那扇门懊悔自责，而看不到向我们开启的另一扇门。’”朱利安斟酌着说出每一个字。

“真的是这样。”我点头认同。

“是的，凯瑟琳。伤痕会给予我们智慧，绊脚石也会变成我们踏向成功的基石。人类学家莱顿曾说过：‘逆境之于生命，犹如打磨珠宝的钻石沙。”

“多美妙的话啊！我要写下来。”我热诚地说。

“用不着，妹妹。我会把你需要的所有知识教给你，相信我，你不写下来也忘不掉。刚才我想说的是，如果我回去继续做律师、赚大钱，就等于完全无视生命赐予我的又一次契机。艾丽的离开、婚姻的破裂、心脏病突发，这些事情发生在我身上，一定有深刻的原因和意义。我深深知道，如果我敢于迎接挑战，走出痛苦的低谷，就一定会找到更有意义的东西，指引我走向人生的更高层次。我有感觉，如果勇敢地直面挑战，我会拥有更多的喜悦、幸福和爱。”

“爱？我记得你以前一点儿都不喜欢谈到这个话题，朱利安。天哪，你的变化太大了。”

/ 热爱人生的事业 /

“爱是我们在这个世界上最需要的一种东西，凯瑟琳。爱不仅意味着为他人奉献爱心，还要热爱自己的职业，热爱周围的一切。最重要的是，我们要热爱我们自己。只有这样，我们才能更无私地把爱馈赠给他人。这其实很简单：在每天做的每一件事里都注入爱心。托尔斯泰曾写道：‘世上只有一条衡量善与恶的标准：如果因为做了一件事而使世上多了一份爱，就是善的体现；如果做一件事疏远了人与人的关系，让他们彼此怨恨，就是恶的体现。’”

“所以，我不仅要向乔恩、孩子们和身边的人奉献爱心，还要对我的事业充满爱？如果做到这些，我就是一个真实完整的人。但这样会不会把我引到一个极端不平衡的状态，就是我长期以来为之苦恼的那种不平衡？我不想再增加工作量了。”

“很有意思的心得，凯瑟琳。我觉得，这要看你怎样定义你的事业。你刚才说的事业是狭义的事业，而我所说的，则是让你对人生的事业充满热爱。”

“我人生的事业？”

“是的。也许你人生的事业就是抚养并教育两个孩子，让他们长大后能有益于世界，让这个世界变得更加美好。另外，你人生的事业还包括勇敢生活网以及那些需要你去引领的员工。”

“你是怎么知道勇敢生活网的？”我惊讶地问道，“我以为你去喜马拉雅山做世外高人了呢。”

“我自从回来后就一直在关注你。你在商界的成绩是有目共睹的，这也在我意料之中。有我给你做榜样，你当然不会太差。”朱利安半开玩笑地说，摆出一副骄傲的样子。

“别把你那不知道怎么练出来的胸肌挺得太高了，哥哥。我可是全靠自己一人单枪匹马闯的天下。”我笑道。

“你永远都是那么独立，凯瑟琳。我一直很欣赏你独立坚强的个性，还有你一直坚持的执著进取的精神。回到刚才的话题，热爱你人生的事

业，认真去爱每一件事、每一个人，你的人生一定会因此而改变。”

“举个例子好吗?”

“我想到了伟大的诗人纪伯伦的话。他的话很美妙：当你专注于事业时，就仿佛一把化气息为音乐的长笛。用劳动的方式热爱人生，就贴近了人生最深刻的秘密。没有爱，所有的事业都是空洞的。只有爱才能让事业变得有意义。所以，请热爱你在勇敢生活网的事业吧。把自己奉献给这份事业，为追随你的人实现更多价值。但是，也请你用同样的热情去热爱做母亲这份事业，以及与乔恩牵手此生这一事业。”

“好。”我听得入了迷。“那次心脏病痊愈之后，你都经历了些什么呢?”

/ 印度之旅 /

“我做的第一个决定，就是把自己的东西全卖了。我要轻装上阵，那些物质财富只会占据我的思想，拖累我的人生。我决定简化自己的生活，只保留一些必需的东西。所以我卖掉了那幢豪宅，卖掉了私人飞机，卖掉了我的小岛。”

“还卖掉了你那辆法拉利。我听到这个消息时简直不敢相信自己的耳朵。”

“我也被自己义无反顾的举动吓了一跳。”朱利安笑着说，一边轻轻抚弄着僧袍袖子上美丽的刺绣。

“后来，我去了印度，我知道在那里能找到问题的答案。那段时间，我的心灵接受了前所未有的洗礼。多少年来，我第一次感觉自己的思想得到了释放，重获了自由。感觉自己踏上了一条光明大道，引领我重新理解生命真正的意义。萧伯纳曾说：‘随波逐流无异于下地狱，做人生的舵手则如同上了天堂。’多年以来，我第一次感觉到自己有能力掌控命运，我觉得自己是在设计人生，而非像大多数人那样听天由命。”

“完全同意。很多人都认为生活是偶然事件的组合，每天忙于应付各种情况，而不是去主动创造自己理想的人生境遇。”我完全投入到哥哥带给我的启发之中。

“说得真好，凯瑟琳。我很欣慰！”他充满激情地回应我，古铜色的大手拍着膝盖。“你一直以来都很聪明，现在又拥有了一颗诗人的心。”

“哪里。”我谦虚地答道。

然后朱利安给我讲了他穿越印度的旅行。他有时坐火车，有时骑自行车，有时徒步，一路上饱览多彩的印度文化，学习当地人独特的智慧。他遍访古刹，在古老的残垣断壁上欣赏壮美的夕阳。慢慢地，他开始找回童年时的快乐，那标志性的微笑也重新回到了他的脸上。

“我常常会一连几个小时仰望星空。我饱览哲学名著，在发黄的笔记本上记下了所有的心得。我常常与圣贤和瑜伽修行者漫步，求知若渴地向他们请教各种问题，比如人生最崇高的意义和使命是什么，以及怎样才能活得优雅，让每一天都过得有意义。我向他们请教，人怎样才能觅得一种智慧，可以让自己更健康、更幸福、更有活力。我一直在思考，怎样才能加深人与人之间的纽带。在女儿离世、婚姻失败之后，爱就离我远去，而我也在思索如何把爱找回来。我请求导师指点迷津，怎样才能让我嘈杂的思想归于平静，找到内心深处的安宁。因为这种安宁感，正是充实圆满的人生中最重要的组成部分。”

“这真是一段非同寻常的经历，朱利安。我非常欣赏那种心态，放慢脚步，享受生活最本真的快乐。为了与这个日新月异的花花世界保持同步，我们整天都忙着赶路，早就忘了那种单纯的快乐。最近我从报纸上看到一段话，特别喜欢。就在这里，我拿给你看看。”说着，我从床头柜的抽屉里拿出了剪报。上面写着：

> 绝大多数人都与世上的大奖无缘——普利策、诺贝尔、奥斯卡、托尼奖、艾美奖，但我们都有权站在人生小幸福的颁奖舞台上——拍拍肩膀、耳后一个轻吻、三斤半的大鲈鱼、一轮满月、一个空车位、熊熊燃烧的篝火、一顿丰盛的晚餐、壮丽的夕阳、热汤、冰啤。请不要为拿不到的那些大奖而闷闷不乐，快去尽情享用这些小小的快乐吧，想要多少就有多少。

“是啊，说得真是太好了，真希望我也能写出这么优美的词句来。我们的确应该这样，随着岁月的变迁，慢慢享受生活中最简单的美好。我现在终于懂得，在人生的路上，沿途的风景和远处的高山一样美丽。未来的事情不可知，我们不要为了无端的忧虑而放弃享受今天的快乐，这一点真的很重要。但是，很多人在这个问题上都不敢正视自己的内心。”

“能解释一下吗？”

“没问题。我们常常对自己说，等升了职或跳了槽，一切就会好起来；对自己说，等孩子们长大成人、离开家去上大学了，我们就能比以前更快乐；对自己说，等退休之后，就能有时间停下来仰望星空，做我们想做的事。但这些话，正是人生最大的谎言。幸福不会因你取得某项成就而到来，而是来自于脑海中的思想。幸福，不过是人的一种精神状态，是你通过观察和理解生活中的各种事物而自然产生的一种感觉。只要对所有属于你的事物心怀谢意，懂得用感恩之心去欣赏人生中所有小小的奇迹，你就一定会幸福。思想家塞西尔曾说：‘随着岁月一年年逝去，我愈加深信，执著于人生中的美好和感动，远离阴暗与错误的念头，是最明智的做法。’

“更重要的一点，请记住，为他人奉献的这双手，同样也会得到回报，因为为他人付出的同时，也就开启了收获的过程。不要把赢得幸福作为驱动你向前的目标。为别人服务，用真心去丰富别人的生命，把握这种心态，幸福自然会不期而至。托尔斯泰曾说过：‘试想，如果人生的意义只是你个人的幸福感，那么这一生将会过得多么残忍和冷漠。’请全然接纳人性的智慧和心灵的声音吧，上天送你来到这个世界，就请顺应这股力量的安排，这正是人生的意义。如此，生活就成了一种享受。”

“精彩！等我一人独处时一定要好好回味一下。现在，给我讲讲旅途中的故事吧。你的经历真是太神奇了。”

“有几个月的时间，我一直在如饥似渴地吸取各种关于个人成长和发掘潜能的知识，”朱利安继续道，“后来，我开始不懈地探寻如何才能生活得更加丰富、更加快乐的奥秘。我不断地向导师们求教，探求更深一层的真理，想找到更多的启迪。导师们对我毫无保留，总是满怀慈悲之心，与我分享所有的智慧，不要求任何形式的回报。现在我知道了，他们的一言一行完全符合他们所说的‘充裕原则’。”

/ 充裕原则 /

“‘充裕原则’？我从没听说过。”这个新词引起了我的好奇，不知不觉从床上坐了起来。

“这是自然界中一条永恒不变的原则，我刚刚也谈到了一些。这条原则是说，你给予他人的越多，最终你自己收获的也会越多。我发现，如果想拥有更充裕、更丰富的人生，就需要付出更多。‘充裕’这种状态本身就如同这个世界中不断循环的能量圈，散发出去的越多，就会有更多的能量回馈给你。在商界，充裕原则同样适用。要想变得更富有，就不能只想着赚钱，先问一下自己怎么才能为更多的人提供帮助。当你把所有精力全部集中在为他人的生命贡献价值时，金钱自然会如滚滚江水般向你涌来。凯瑟琳，不要忘记，金钱只不过是回报的一种形式而已，是为他人贡献价值与提供服务的一种报偿。贡献的价值越大，回报给你的金钱也自然会越多。”

“你的意思是说，商人把赚钱作为头等目标的做法是错的?”

“是的。钱不是想赚就能赚来的。当你把帮助别人过得更好、实现他人梦想作为自己的生活重心时，金钱自然而然就会到来，因为这是你为他人付出的副产品。奥地利心理学家维克多·弗兰克尔说：‘成功，就像幸福一样，不是靠一味追求就能得来的，而是随着其他事物接踵而至的。当一个人致力于为了一项比他自己本身更重要的使命而努力奋斗时，金钱就会不期而至。’”

朱利安补充说：“在印度那段时间，除了浅尝关于人性智慧和爱的哲理之外，我还认识到，每个生命都有其存在的深刻意义。”

“真的?”

“真的，妹妹。我们所有人来到这个世界，就是要像个英雄一样活着，用我们自己的方式让这个世界更加美好。最近我读到了著名将军詹姆斯·杜立德的一席话，其中的智慧让我深有感触。‘我们降临这个世界，身负一个使命，就是让这个世界更美好。因此，我们要在社会中成为有贡献的一员。如果我们到世上走了一遭，世界比没有我们时更加完美，我们就完成了自己最崇高的使命。'”

/ 飞向万米高空 /

“那么，为什么很少有人能从这个角度去认识自己？为什么那么多人都活在空虚和苦闷中？”

“因为我们总是处在一种混乱的状态中，整个生活被各种物质财富和繁忙的事务占据着，根本没有时间停下来思考一下什么才是最重要、最有意义的东西。这让我想起很久以前一位禅师说过的话：‘世人终日忙于积累，唯我洗尽浮华、简单是真。’如果我们可以稍微放慢脚步，多按几次暂停键，以旁观者的角度看一看自己这一生，就能更深刻地明白，我们究竟为什么来到这里，我们的使命又是什么。我知道，现在你最不想听的就是关于坐飞机的事，但是请再回想一下在飞机上的感受，因为我有一个心得想与你分享。”

“是啊，我现在一提起飞机来就害怕。不过没关系，你说吧。”

“别怕，凯瑟琳。我跟医生谈过你的病情，还找了几个以前的老朋友，都是国内最权威的大夫，大家一起看了你的病历。他们都对我说，你的身体状况很乐观，不久就能恢复健康。我知道，那次惨剧给你带来了太多的痛苦，请相信我，我这次来的目的就是帮助你走出痛苦，和你一起闯过难关。现在我想说的是，当飞机升到万米高空时，如果你从窗口向下望，就能看到这个世界的全貌。你不会因为一棵大树的遮挡而错过一片森林，因为展现在你眼前的是一片全景。”

“是啊，那的确会看到全景。”

“当然。人生也一样，我们需要经常‘飞向万米高空’。”

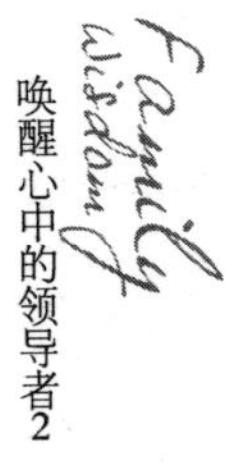

"要经常坐飞机吗?"我有点儿不太明白。

"不是。'飞向万米高空'是说我们要重新审视自己的人生，这样就可以看清什么对我们才是最重要的；我们要整理生活，让生活与我们的目标相吻合；我们要用雄鹰的视角来俯瞰我们为人处世的方式，这样就可以及时作出调整，回到正确的轨道上，向着我们最终的目标奋进。很多人就是做不到这一点。思想家乔安娜·史密斯·伯斯说：'要确定什么对于我们才是最重要的——那些指引我们前进的价值观、执著的精神与梦想，要围绕这些重要的原则来建造属于我们的世界。混日子的态度是不可取的。应该让每一天都成为台阶，一步步接近梦想。我们应该对自己负责，对这个世界负责，这样才能与自己的内心、与这个世界和谐共处。'"

从来没有人与我分享过如此一语中的的智慧，我的头脑中一下子充斥了很多想法，我想明白了自己生活中的那些问题所在，还有那些一直被我忽略的真正重要的东西。想到最多的就是我的小家。真想我的两个宝贝波特和萨瑞塔啊。不知道乔恩现在怎么样，在家里做什么呢。我暗下决心，向自己保证，等我出院之后，一定要采取行动，做出改变。而后，我的思想又转回到朱利安身上。和以前相比，哥哥的内心真是成长了很多，丰富了很多。从前的他，机智、坚强、富有魅力。而现在这个全新的他，则思虑深远、智慧博学。比起以前，我更爱哥哥现在的样子。

/ 遇见圣人 /

"你刚才说一直追随那些圣贤导师，讨教更高深的学问，那么后来呢?"

"后来，我学到了一些神奇的智慧，也对自己有了更深刻的了解。"

朱利安放松地坐在床边的椅子上，长长的双腿惬意地伸展着，两只手舒服地枕在脑后。他脸上的表情随着他的话语生动地变化着，眼中闪动着对自己所怀信念的热情。我已经完全沉浸在哥哥的讲述中，仿佛被他催眠了一样。

“在印度北部旅行了几个月之后，我隐约听到喜马拉雅的崇山峻岭之中有一群僧人在低声细语。当地传说，有一群‘锡瓦纳的圣贤’——锡瓦纳在当地语言中的意思是‘指点迷津的绿洲’，这些圣贤拥有一套要诀，任何得到要诀的人都可以实现自我、获得内心的充实感。圣贤们把上千年的智慧浓缩为一套现实可行又极其有效的方法，利用这套方法指导他们自己平静喜乐的生活。可是，没有人知道如何找到这些隐居深山的世外高人。我听说，很多人都死在了寻找圣贤的路上。”

朱利安拿起我的杯子喝了口茶，然后继续说：“你知道，我一直向往着风险和挑战。父亲以前教导过我们，等到生命即将终结的一刻，我们不会因此生承担过的风险而后悔。最令我们悔不当初的，会是那些我们曾经面对、却不敢承担的风险和恐惧，还有那些我们未能抓住的机遇。记住，凯瑟琳，恐惧的另一面是自由。所以，我把所有的顾虑都抛在脑后，鼓起全部的热情和勇气，只身前往喜马拉雅山，去寻找人生的最高智慧。我暗自下了必死的决心，就算找不到圣贤，我也死而无憾。”

“我在悬崖峭壁间攀爬了多少个日日夜夜，自己也记不清了。我经历了极度的痛苦，好几次差点儿就送了命。但同时，我也亲眼见到了一生从未见过的壮美风景，”朱利安说道，“我觉得，正是那些天然的景致和周围朴实无华的一草一木深深打动了我。在艰苦跋涉的途中，我感觉自己与宇宙竟是如此亲近，感受到了一股比我本身强大得多的力量，而我竟完全融入其中，成为这股力量的一部分。即使遇到再多的困难我也不放弃，只是不停地攀爬，心中只有生存的信念，相信自己只要活下

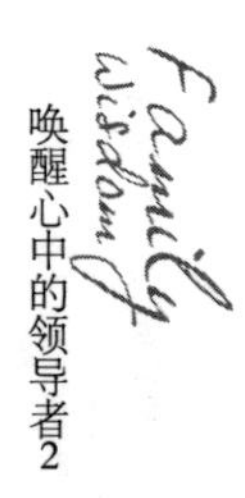

去，最终一定能找到圣贤的所在。你知道的，我一直觉得，如果要实现梦想，坚韧就是每个人都应培养的一种品质。法国作家阿纳托尔·法朗士曾说：‘有些人成功是因为命里注定有这个能力，而另一些人成功则是因为他们有足够的决心和毅力。’

“经过不断的努力和坚持，我最终迎来了柳暗花明的日子。一天，我在山路上看到了另一个身影，那人穿着一件奇特的红色长袍，头戴深蓝色僧帽。我当时实在不敢相信，在这么山高水险的地方，竟然还能看到人类的身影。我暗自奇怪，那人究竟为了什么来到这里呢？

“我向那人大喊，没想到他不但没有停下脚步跟我打招呼，反而沿着山间小路更快地向前奔去。我用尽了力气喊他，可他竟全速奔跑起来，完全看不清他的面孔，只见红色长袍在风中优雅地飞舞。

“‘求求你了，这位朋友，我快要坚持不住了！’我大声喊着，‘我要去锡瓦纳，你可以帮帮我吗？我想去拜谒圣贤，可是好像迷路了！’”

“那个神秘的身影突然停了下来。僧帽很大，无法看清他的脸。我向他走去，没想到他回过身，竟也向我走来。突然，一道阳光照亮了僧帽下的面孔，我终于看清，这位神秘的旅人是个男人。但是我得说，我从没见过像他这样的男人，从来没有。我觉得他那时大概不到六十岁，但那张棕色的面孔竟是如此柔和光滑。他的身体十分强壮有力，散发着无穷的生命力。他高大伟岸，有一种帝王般的尊贵气质。我现在还清楚地记得他的眼睛，那眼神是如此摄人心魄，与他目光交接的一刹那，我不得不低下头，把目光转向别处。

“什么都不用说，我立刻就明白了，这趟寻圣之旅可以画上句号了，他一定是锡瓦纳圣贤中的一位。我向这位圣贤敞开心扉，乞求他的帮助，向他解释我为什么冒着生命危险来到这里。我对他倾诉了自己以前的生活，包括在法律界的辉煌事业和奢华无度的生活方式，还有后来失去艾丽给我带来的巨大痛苦。我乞求他带领我去那圣贤聚居的地方，收我做一名门徒，学习广博的智慧，去发掘人生最关键的秘密，实现充实而富有意义的一生。”

那人专注地倾听着他的述说，一言不发。朱利安有点儿担心，怕这位圣贤根本听不懂他的话。没想到圣贤竟然走近他，用强壮的臂膀环住他的肩头，说：“如果你是真的从内心深处渴望学习更多的智慧，让人生变得更美好，那么我就帮你到底。我从不拒绝向我寻求帮助的人，为有需要的人提供帮助是我们神圣誓言中的一部分，也是我铭记在心的重要职责。我的确是你万里迢迢前来寻找的圣贤之一，多少年来，你是第一个找到我们的人。祝贺你，我很欣赏你坚韧不拔的精神，当年你一定是一名十分出色的律师。”之后，圣贤带着他来到一处众多高僧云集的世外桃源，告诉他，圣贤们会接纳他，教给他从祖先那里一代代传承下来的古老智慧。

“但是，圣贤说拜他们为师有一个条件，”朱利安严肃地说，“我还清楚地记得他的话。‘在我带你进入我们与世隔绝的家园，传授给你我们的智慧结晶之前，你需要作出一个承诺。虽然我们深居群山之间，与外界没有往来，但是我们一直密切关注你们的世界所经历的种种动荡。人们渐渐忘却了如何去做正派的、满怀爱心的人，也渐渐淡忘了什么才是真正有意义的事。人们为了金钱可以抛弃一切，眼中只有利益，没有使命感。家庭不再是人们最宝贵的头等大事，孩子和伴侣只能无助地忍受这种忽视带给他们的伤害。人们不再懂得停下脚步，留时间给自己。生活中的小乐趣，人们早就忘得一干二净，也根本不会意识到，这些才是生活中最重要的细节。我深深地感到，生活在你那个世界的人们应该活得更幸福、更充实才对。我对芸芸众生满怀希望，而直觉告诉我，你将成为我希望的使者。在与我们共同生活的这段日子里，我们会传授给你实现人生领导力的一套要诀。你将了解这套要诀的巨大能量，让人类的精神动力成为那个喧闹世界中一股正义的力量。你将学到一种方法，可以使你变得更加强壮、健康、幸福、智慧。你也会明白，在高质量的生活中，紧密团结的人际关系是多么重要，并学会用一种特别的技巧来找回生活中真正的爱的感觉。'"

/ 履行承诺 /

"爱?"朱利安问道，他没想到圣贤竟会把这个字眼看得如此重要。

"是的，"圣贤不假思索地答道，"每个人都需要更多的爱，更多的爱会让这个世界变得更加美好。你要向我许诺，从这里获得智慧之后，你会把这些知识传授给西方那些需要精神指引的人们。我们要请你作为我们千百年传承下来的古老智慧的使者，在你的世界把这些智慧散播开来，这样我们就可以帮助更多的人，改变更多的生命。人生中最重要的，不是你从中获取了多少，而是奉献了什么。人生，就是通过你自己的方式帮助他人，为世界添一抹亮色。我们需要你从内心最深处作出承诺，利用你的余生传播这一简单却早就被人忽视了的原则。可以吗?"

"我立刻答应了。"朱利安对我说。停了一会儿，他继续道："随圣贤跋涉了几个小时后，我来到了一生中见过的最迷人的一座村落之中。那里的景色美得让人窒息，如梦幻仙境一般，每一座建筑都种满了玫瑰。"

"玫瑰?"

"是的，玫瑰，空气中荡漾的花香令人沉醉。我看到每位锡瓦纳的居民都与带我来到这里的那位圣贤一样，有一种仙风道骨般的气质。我被这处仙境般的村落惊呆了，简直不敢相信这是真的。我冒着生命危险，就为了找到这传说中的去处。现在终于找到了，还有幸融入了他们的生活，拜他们为师。那种喜悦的心情让我激动得热泪盈眶。”

朱利安滔滔不绝地讲了差不多两个小时，我听得入了迷。哥哥的奇遇仿佛是小说中才有的情节，而他却真实地经历了这一切。不知道为什么，值班护士也没有来打扰我们，可能她们觉出来这位访客是我的家人，认为这种倾心交谈对我精神状况的恢复也有好处。真不知道护士们会怎么看待我哥哥的这身打扮，也许哥哥是她们在这里见到过的唯一的僧人。想到这里，我不禁笑出了声。

我迫不及待地想听朱利安讲述他在锡瓦纳习得的智慧，我现在终于明白，他为什么说回到这里是来帮助我的了。他回家是为了履行对圣贤的承诺，与我分享重建生活信念和智慧人生的要诀。我真希望朱利安能帮我改善家庭关系，教给我如何把家庭变成充满智慧和爱的小巢。多年以来，我头一次热切地向往一种更为充实的生活，并因此而激动不已。那种长久以来充斥着我的空虚感渐渐烟消云散，我仿佛看到了一缕阳光射入我阴霾笼罩的心田。

朱利安站了起来。“凯瑟琳，见到你真开心，”他温柔地说，“但我要离开一下，有些事情还等着我去办。”

“朱利安，我们这么多年没见面了，不要离开我。”我紧张地说。

“我保证会回来的。实际上，我近期也不打算离开这里，所以不管你愿不愿意，我都缠上你了。你是不是在想我为什么会来这里？”

“履行你对圣贤的承诺？”

“正是。我知道你遇到麻烦了，在报纸上看到了飞机失事的消息我立刻就赶了过来。但早在你出事之前我就知道到你一直在走下坡路。我听以前律所的合伙人说，你生意做得红红火火，可个人生活却如一团乱

麻。两个孩子需要你，你有责任把他们放在最重要的位置。我会指导你成为一名出色的家长，并告诉你怎样在教导孩子的过程中实现自我。我会与你分享建立美好关系的秘密，来帮助你和乔恩拥有更亲密的感情。我还会教你如何把复杂的生活简单化，找回理想中的平衡感。”

“你觉得我需要放弃自己的事业吗？”我问。

“当然不用。我来这里就是要告诉你，面面俱到是完全可行的。拥有一份蒸蒸日上的事业，为他人提供帮助，同时也拥有一个美满的家庭，创建一种丰富和谐的家庭文化，两者互不影响，这并不是遥不可及的梦想。实际上，”朱利安补充道，“我发现，在家中建立良好的亲情基础，就是给事业的成功增加动力。”

“工作和家庭两者兼顾，既是女强人，又是好妈妈，这真的行得通吗？”

“当然，”朱利安起身向门口走去，“关键是用更巧妙的方式去工作，而不是更卖力地去工作。工作中，需要培养一种更强的专注意识，搞明白哪些事务是真正重要的，哪些可以放一放。这样就可以节省下来更多的时间去陪伴家人、照料自己，找回内心深处的平静与喜乐。这些我们以后再细说吧，现在我要去别的地方见一些人。”朱利安一脸坏笑，“不知道我以前的那些模特女朋友们会不会喜欢我这身袍子？”他作出一副若有所思的样子。

“你开玩笑呢吧？”

“当然是开玩笑，凯瑟琳。我现在的生活和以前完全不同了，我秉承简单直接的理念，只关注生活中最本质的东西，那些疯狂的日子早就成历史了。”

“真高兴听你这么说，哥哥。我以前很担心你的。”

“现在不必了。多谢关心，凯瑟琳。爱你！”

说着，这位从前的明星级大律师、现在满腹智慧的高僧，再一次亲吻了我的额头，转身离开了病房，那红色长袍在他身后翩然飞舞。枕边留下一样东西——朱利安的金蝴蝶，我拿起金蝴蝶，翻过来，看到背面刻了几行小字。我带上眼镜，一段娟秀的小字映入我的眼帘：

> 凯瑟琳，孩子是你生命中最美好的祝福，他们的童年时光将会一去不返。把孩子放在首位，你的人生必会更加美满。回到家里真开心。
>
> 你的崇拜者　朱利安

- 每件发生在我们身上的事情，必定有其发生的原因和意义。
- 热爱人生的事业，在每天做的每一件事里都注入爱心。
- 用真心去丰富别人的生命，幸福会不期而至。

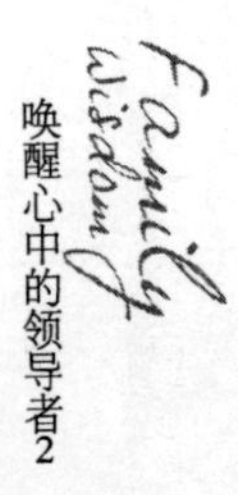

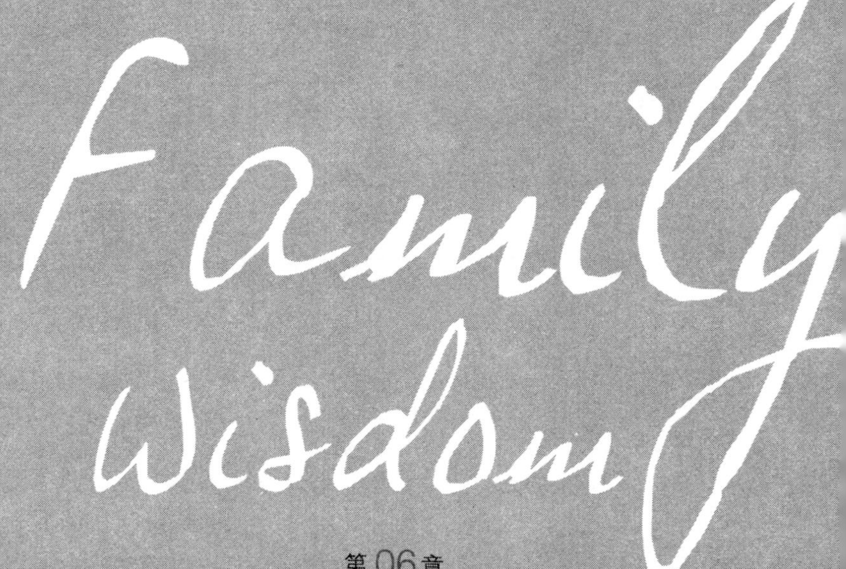

第06章

要诀1 价值观
塑造家庭文化

我真希望二十五年前就有人告诉我，人生的永恒意义是在培养下一代价值观的过程中发现的，而不是在成功的事业中觅得的。

拉比 · 哈罗德 · 库什纳

孩子在幼年时期表现出什么样的天赋，就用培养那种天赋的方式去培养孩子，我们才会遇到天才。

歌德

出院回家快一个月了，很幸运我的身体已经康复如初，又重新回到以前精力饱满、干劲十足的状态。但自从上天在万米高空给我敲了一记警钟后，周遭很多东西都因此发生了变化。我下定决心精简自己的工作，所以在家中的地下室收拾了一处家庭办公室。以前整整一小时的上班路程一瞬间就缩短成了一分钟。而且，我很喜欢穿着我的法兰绒睡衣和大公司的 CEO 们在越洋电话中高谈阔论。虽然生活重心变了，但我还是热爱着管理企业和专注工作带给我的激情。真的很感激朱利安，是他建议我一定不要放弃人生中的这种体验。

我认真遵守医嘱，开始进行一套严格的锻炼养生疗法，这套疗法使我精神焕发。我的一日三餐也比以前健康很多，再也不会半夜开车买垃圾快餐回来狼吞虎咽，再也没点过三层芝士比萨外加双份香肠和培根。我把大部分时间用于与乔恩和孩子们共享家庭时光，全情投入到重拾往日美好的努力中。而这其中最大的改变就是，朱利安这个昔日坐拥全城最大豪宅的家伙，这个我行我素出了名的人，居然搬来与我们同住了，现在就住在车库上面那间充满阳光的小房间。他一直宣扬简单生活的力量，现在看到他能说到做到，我很是欣慰，看来他是决心要言出必行了。但是，我不得不承认，这一切还是有些让人难以置信。我的哥哥朱利安·曼特尔，这个传奇般的人物，在喜马拉雅山历经千难万险，拜谒了世间圣贤，现在居然回来安安静静地住进了我车库上面那个简易套间。也许人生有时就是这么出人意料吧。

尽管如此，我从来没觉得哥哥现在的生活状态需要人同情。女儿艾丽的离世使他备受打击，每次想到命运跟他开了如此刻薄的玩笑，我也会伤感。但仅此而已，我很崇敬他现在返璞归真的状态，并不觉得他是因为曾经的打击而一蹶不振。确实，他再也没有开着那辆夺人眼球的法拉利满城兜风，而且住在一间比他以前办公室的洗手间大不了多少的陋室里。确实，他不再是众人眼中的焦点，不再整夜与年轻美艳的时装模特们厮混，不再与油头粉面、满脑子只想着坐私人飞机到拿骚[①]的赌场试试手气的投资银行家们为伍。

我深深地感受到，当他放弃所有从前的物质羁绊后，得到了一些更为珍贵的东西。朱利安的身体十分硬朗，年轻时的精气神儿又回来了，他现在满腹智慧，令人崇敬。在我看来，他的生活从一种复杂透顶的状态转变为现在的简单至极，他的精神也从持续的焦虑变成如今欣然的喜悦。是的，朱利安并没有一蹶不振，而是找到了振作起来的真正动力。

① 拿骚（Nassau），巴哈马首都。——译者注

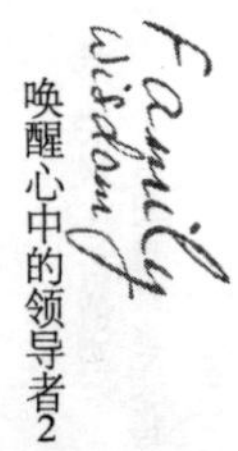

/五大要诀/

"我们去勇敢生活网总部看看吧。"一天清晨，朱利安完成了例行的晨练回来，走到洒满阳光的厨房跟我说。"好几年没去写字楼里转转了，真想看一下现在的企业界变成什么样了。"

虽然我现在在家办公，但公司所有员工都在我和合伙人租下的豪华写字楼里上班，那时，我的合伙人们都还活着。我们租用了全城最豪华的摩天大楼中的两层，窗外景致美不胜收。虽然我还是会定期去办公室看看，但有时一说起进城，心里总是难免会生出一种抵触情绪。

"你到底为什么想去那儿呢？你跟那些老朋友有好多年没联系了吧？我以为你当年生活过的金融街区应该是你现在最不想去的地方才对。"

"其实，我从喜马拉雅山回来后跟几个朋友联系过。不过这不重要，"朱利安用神秘的口气答道，"主要是我真的有事得去城里一趟。"

"你是需要买什么吗？你想要什么我帮你办就可以了。"

"其实我想去城里不是为了我自己，而是为了你。"

"为我？我可不想去。我在家办公挺好的，员工那边也不需要我亲力亲为。而且，"我继续说，"你这副打扮，保安是不会让你进门的。你真的打算一直穿成这样吗？邻居们都在议论'住进克鲁兹家的僧人'，连威廉森阿姨都包括在内，就是那个整天待在黑漆漆的屋子里与十四只猫为伴的老太太。有一天我在花园里除草时，她走过来问我你是谁。我看她一定是看上你了，朱利安。"我跟哥哥开着玩笑。

"她不是我喜欢的那种类型，"朱利安笑着说，"相信我吧，凯瑟琳，今天我想和你分享我领悟到的一些心得，你以前的办公室就是分享这些心得的最佳去处。实际上，我要与你分享五个要诀，确切地说，是‘家庭领导者的五大要诀’。”

“什么是要诀?”

“我所说的要诀就是指通过持续的努力练习而熟练掌握一门技巧的方法。接下来几周的时间我会教给你五条永恒的、同时也是最基础的人生哲理，这些哲理将会大大提高你为人父母的能力以及家庭生活的质量。‘家庭领导者的五大要诀’完全来源于锡瓦纳圣贤对我的教诲，另外还有一些我自己的心得体会。”朱利安会意地笑道，“今天，我觉得你可以开始探索第一要诀的奥妙了。”

“第一要诀是什么?”我屏气凝神地问。

“人生的领导力源于家庭中的领导力。”

“有意思，接着说。”

“除非我们去城里，”朱利安坚持道，“分享知识是需要合适的环境的。”

“好吧，我们出发。我知道这五大要诀可以改变我的生活，我有这种感觉。我能觉察到，你将要与我分享的智慧会彻底改变我思考、说话和做事的方式，”我随手拿起了车钥匙，“我再一次拿出冒险精神的时刻到了。”

“精神可嘉，妹妹。生活就是不断学习新知识、不断挑战更大风险的过程，不是吗？人生中最大的风险，就是没有接受更大的风险。”

“‘有的风险你无力承担，而有的风险你无力不去承担。’这句话是不是德鲁克说的?”

“是的。追溯历史，古罗马哲学家塞内加也曾经说过：‘不是因为世事艰难而令人怯懦，而是因为怯懦之心令世事艰难。’以我自己为例，我总是尝试着天天都去承担一些合理的风险，哪怕是易于得手的小挑战也不错过。通过这种方式，我每天都能获得成长和进步。”

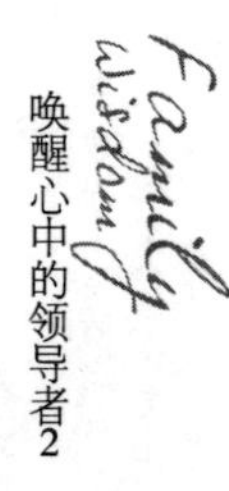

“几个礼拜前我看了《赌王之王》这部电影录像带。你看过吗?”

“我好几年没看过电影了，我们僧人基本不会围着录像机转，”朱利安咧嘴笑道，他的笑容都快把脸扯成两半了，“而且，以前每次吃爆米花都塞牙，就在这儿。”说着，他张开嘴指着两颗后槽牙中间的牙缝。

“我对你那些精彩的爆料不感兴趣，我们还是讨论电影吧。这部电影真的不错，讲的就是人生中承担风险的重要性和对理想的追求，虽然这样做会放弃安逸的生活，面对很多困难。”

“听起来的确很棒。”

“没错。影片中，沃兰达……”

“那位伟大的高空钢丝杂技演员?”朱利安激动地打断我。

“对，就是他。在电影中，他说：人生就像走钢丝，剩下的唯有等待。”

“嗯，说得很好，真的很好，而且完全正确，凯瑟琳。享受人生的人，正是那些敢于梦想，而且勇于承担风险、使梦想变成现实的人。他们直面自己的恐惧，跳上人生的小舟乘风破浪，每天都充满勇气。无论感到多么害怕，他们都能闯过恐惧的大门。请记住，即使只做一天的狮子，也比做一辈子绵羊要强。”

“这句话真是精彩极了。”

“所以，”朱利安继续说道，“虽然我明白你这么长时间没去勇敢生活网总部，现在就去未免有些难度，但是请把握住这次机会。相信我，一定会有所收获的。”

“直面恐惧，勇敢承担?”

“正是。就像我在医院里跟你谈到的那样，你永远能在恐惧的另一面看到自由的曙光。”

/ 重返总部 /

和朱利安一同走进那幢我曾经挥汗奋斗过的富丽堂皇的写字楼时，我突然有些紧张起来，那熟悉的气味不禁令我心旌荡漾。就在我们走向电梯，准备升到位于顶层的总部办公室时，一个保安向我们走来。

“您好，克鲁兹夫人，很高兴再次见到您。听说了那场坠机事故后，我们安保部所有人都很难过。对于您合伙人的离世我们十分遗憾，他们都是非常好的人。”

“是啊，马特，他们都是好人，我也很怀念他们，谢谢你还记得他们。见到你我也很高兴。最近我不常到这里来，现在我在家办公，这样就有更多的时间跟家人在一起。突然回到这里，感觉还有些怪怪的。”

“您的变化可真够大的，克鲁兹夫人。我敢说，您是我认识的所有在这幢楼里办公的人中，最不辞劳苦的一位。以前我跟其他几名保安经常拿您打赌，看您早上能有多早来上班，晚上又能熬到多晚才下班。”

“唉，那都是过去的事啦，马特。”

“您的孩子现在一定特别开心。我家里有三个小孩子，所以我知道他们最希望的就是爸爸妈妈整天和他们在一起。”

“是啊，我的孩子现在有妈妈陪在身边，别提多开心了。说实话，我还从来没见他们像现在这样高兴过。”

保安突然摆出一副严肃的表情，说：“不好意思，克鲁兹夫人，和您同来的那位先生，能不能给我看一下他的身份证？您知道，这幢楼戒备森严，我要是不问，老板知道了会要我的小命。”他审视着朱利安，继续说：“没有别的意思，老兄。平时我们这里可基本没有和尚出现。”

“马特，这是我哥哥朱利安，朱利安·曼特尔。”

“朱利安·曼特尔？那位大名鼎鼎的诉讼律师？”

“是的，就是那位大名鼎鼎的诉讼律师。”

保安一时语塞。“哦……您好，曼特尔先生，过去总能从报纸上看到您的大名。我可是您的铁杆粉丝，”他双手紧紧握住朱利安的手，“您胜诉的那些案子真是不可思议。我记得有一次，因为热咖啡撒到您客户腿上，您竟然把快餐店告上法庭，索赔了几千万美元！”

“我也记得那个案子，马特。那次还真是挺有意思的。”朱利安亲切地答道。

“您过去常穿的那些名牌西装哪里去了，曼特尔先生？还有那辆拉风的红色法拉利呢？老兄，那可真是辆好车。我们以前总看见您开着跑车载着美女从这儿飞驰而过。”保安激动万分地说着，好像准备第一次约会的小男生一样。

“那都是过去的事情啦，朋友，往事不堪回首啊。”朱利安眼睛转向别处，仿佛因自己曾经的奢靡生活而愧疚。

“您现在怎么做和尚了？”保安好奇地盯着他的长袍，继续问道。

“长袍是我的选择，马特。我的导师也穿同样的长袍，这样的衣着能时刻提醒我现在的状态，也可以帮助我把自己专注追求的使命时刻铭记在心。我现在选择过一种简单至极的生活，不要什么法拉利了。”朱利安伸手拍了拍保安的后背，走向电梯。

“那就请您上楼吧，曼特尔先生，见到您是我的荣幸。您也保重，克鲁兹夫人。和孩子们好好玩吧，不知不觉，他们就会长大成人了。”

当我们走进勇敢生活网豪华的办公室，繁忙的景象扑面而来——员工行色匆匆，电脑频频闪耀，电话响个不停，传真接二连三。

“真难以想象，我以前的生活就是这样的。”我轻轻地对朱利安说。

“别太难为自己了，凯瑟琳。那时你有贷款的压力，还有日常开销等着你去解决。相信我，我能体会生活在这个年代的人们的难处。物价飙升，要付的账单一张接一张。人们总想给自己的家人最好的东西，所以不得不夜以继日、拼尽全力去工作。而这样下去，总有一天生命的能量会耗光，剩下的不过是一副空壳。当一天结束时，他们开着自己‘悲哀的箱子’回到家里，爬进家门，对家人发一顿无名火，然后在按摩沙发中昏昏睡去。我为这些人感到难过。”

“‘悲哀的箱子’是什么？”

“哦，”朱利安咯咯笑着回答道，“那是我给汽车起的外号。很多人在结束一天的奔波之后心情都十分糟糕，车子不过就是负责把他们运回家的‘悲哀的箱子’罢了。”

我笑了。

“这样的人仅仅利用了生命的一部分。V. W. 伯罗斯曾说：‘人类最可悲的经历，无非是在须发花白、满脸皱纹、即将耗尽碌碌无为的一生时才明白，生命的大半都被荒废了。’人生的智慧也正在于此。人生这场游戏的意义，并不是你为了工作拼上老命，却什么都没能留给你真心爱着的人。请改变游戏规则，不，是打破现有的游戏规则，认识到人生真正的意义是为了生活而工作，而不是为了工作而生活。工作时请倾力投入，沉浸到工作的乐趣之中，真心诚意地为客户服务。但你要记住，精彩的人生不仅仅是金钱可以买到的那些漂亮东西。懂事的孩子、和睦的一家人、快乐的家庭生活 ，这些也同样是宝贵的财富。只要你努力建立和谐的家庭文化，就能体会到这些财富带给你的快乐。而做到这些是需要花时间的。不要忘记，给孩子最好的礼物就是与他们共度的

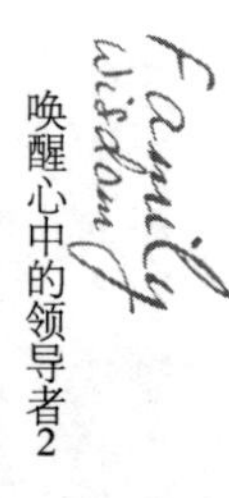

时光。”

“真的吗?”

“当然。与孩子共度时光就代表你真心爱着他们，重视他们。没有什么比这更宝贵、更重要了。这也正是我今天带你来这里的原因。”

/ 寻找归属感 /

“勇敢生活网是什么?”朱利安问道。

“是一家培训员工的公司，使客户属下的员工更有效率、更为成功。我们是互联网行业中领先的提供电子教学的公司。”

“就这些?”

“我们独一无二的技术可以让员工通过电脑，方便地接受全球最优秀的专家亲自指导。”

“这就是你的回答?”朱利安问道，一脸的坏笑看起来好像猜谜游戏的主持人。

“是啊。”

“你的回答没错。但我真正想听到的是这个：当一天的忙碌结束后，你的公司也是一个小社会。”

“可以这么说吗?”

“当然。这家你不辞辛劳全力建设的公司，不过是一些追求共同目标的人的聚集体。勇敢生活网并不只是一个企业实体，而是朝向一个共同目标不断努力的集体。”

“朝向赚钱这个共同目标?”我被自己的讽刺口吻吓了一跳。

“不，不全是这样。所有人都期望获得存在的意义，也都期望自我价值实现后的满足感。而当我称为‘紧迫动因’的力量在人们的心灵中热情地膨胀时，无论是有意识还是潜意识，所有人都会为之动情、壮志满怀。Visa 创始人迪伊·霍克说：‘所有的组织，不过是一个古老而简单的思想的具体体现，这一思想就是小社会的思想。这些组织不过就是其中人们的个性、判断力、行为和信念的总和而已，不多不少。’”

“很有意思。我从来没从这个角度看待过自己的公司。”

“这是事实。但在我们所谓的新型经济中真正缺乏的，正是深刻的社会意识。我们丢掉的，也正是那最本真的人与人之间的联系，有了这种联系，我们才能以积极乐观的心态去工作和生活。在当下的大环境中，我们总是找不到归属感。其实，在因特网创造出来的这个漫无边际的世界中，我们每个人都期望获得的，只是一个让我们感到被爱、被信任、被重视的空间。一个可以叫做‘家’的空间。”

“朱利安，你在喜马拉雅的深山里与世隔绝了那么久，怎么会知道因特网?”

“我热爱学习，简直可以用求知若渴来形容。在这个时代，通过了学校的毕业考试并不意味着学习生涯就此结束。直到生命的最后一天，我们都要不停地学习。伊拉斯谟多年前曾说：‘我有一点钱就用来买书，如果还能剩下一些，再去买食物和衣服。’”

“太伟大了!”

“我也是这样的。在知识面前，我就像一块干燥的海绵，总是用尽全力去吸收，有时甚至会因为对知识的渴望而感到痛苦。虽然我阅读的书籍多是世上伟大思想家的智慧结晶，但我也花时间去了解些新鲜事，与这个时代保持同步。如果你都不知道如何把心中的智慧运用到实践之中，那么学习这些智慧又有什么用处呢?”

“说得很对。”我随后问道，“哥哥，请告诉我，怎样才能从生活中

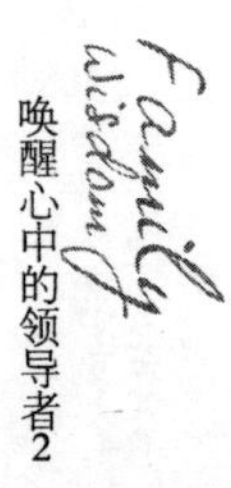

重新找到归属感?”

“问得好，凯瑟琳。我早就料到你会问我这个问题。这个社会瞬息万变、企业内部也是变革频繁，从前人们心中的归属感早就消失得无影无踪了。商业社会中，所谓的忠诚早就成了一纸空谈，公司经常性的变革重组也给了员工一种感觉，认为这一切不过是一场角逐，如果想活命，就必须为自己竖起防御的盾牌。”

“那么，人们从哪里才能找到内心深处渴望着的归属感呢?”

“家庭。”朱利安不假思索地答道，“当人们重新开始关注家庭生活，再次把家人放在头等重要的位置上，就会渐渐明白，那种通过人与人之间沟通交际而得来的充实感和满足感，以前可以从工作中找到，而现在在自己家中也同样可以获得。不用离开家半步，也可以找到作为一名小社会成员的快乐，这种快乐就藏在你温馨的小家之中。”

“也藏在你最爱的人身上。”我补充道，完全沉浸在朱利安的讲述中。

“正是，凯瑟琳。把你的家庭看做一个属于自己的小社会，一个快乐的源泉。通过和家人的沟通，你可以更全面地了解自己，培养更深刻的洞察力，学到更多的知识和智慧。在家里，你可以塑造自己博大的胸怀和内心坚定的力量。我想与你分享的智慧就是：人生的领导力起源于家庭中的领导力。家庭就是一个人的基础，就好像火箭的发射平台一样，只要这个平台处于和谐稳定的状态，你就能凭借它一飞冲天，达到以前想都不敢想的人生新高度。”

“好吧。那么我应该从哪里开始呢?”

/ 家庭文化 /

“首先，你要认识到，你的家和其他任何形式的组织其实并没什么两样，比如勇敢生活网。”

“真的吗？”

“真的。两者之间的相似点十分清晰明了。你的公司和家庭都拥有独特的文化，对吧？”

“勇敢生活网的确有自己的文化。我们平时的衣着打扮、做事方式、人与人之间的相处之道都有着一些不成文的规矩，和这个领域的其他公司相比，我们的确不大一样。”

“那么，你的家庭有什么与众不同的地方吗？”

“没有。如果认真思考一下这个问题，我家还真没什么与众不同的特点。可能在家里，我们根本没什么文化可言。有的不过是一些规矩、价值观和特定的做事方式罢了。”

“是的。正如其他组织一样，如果你想实现成长和进步，有一样东西是必不可少的。”

“一位独裁者？”我哈哈笑着说。

“差不多，只是手里没拿着雪茄。我很欣赏你的幽默感。培养出生机勃勃、丰富多彩的家庭文化必备的一样东西，就是领导力。”

“领导力？我从来没想过领导力能用在家里，用在家人身上。”

“勇敢生活网是如何大获成功的？”朱利安问道，“我在新德里的时候还在一家高科技杂志的封面上看到过你的大幅照片呢！”

“我觉得，我们的成功主要是因为管理得好。”

“错了。成功正是因为有卓越的领导力，凯瑟琳。我所说的领导力，

不仅限于你与合伙人，以及高管团队的其他成员，而是扩展到公司里的每个人，以及他们身上的责任感和主人翁意识。你为大家描绘出了一幅愿景，每个成员都为实现这一愿景，忠心耿耿地履行着自己的承诺。这样，你的公司才有了飞黄腾达的今天。同样的道理也适用于家庭之中。你要为家庭注入领导力，激励每位家庭成员都为这个小家的和谐文化贡献一份力量。你要为家人描绘出一幅美好的未来画卷，里面有你对这个家的构想和期望，并与乔恩和孩子们共同感受‘紧迫动因’带给你们的使命感。同时，你需要调动他们的热情，与你一起努力。只有这样，你的家庭生活才能达到最和谐美好的境界。”

“这有点儿不太现实吧，也许连你这样的智者都不一定能做到。你看，乔恩的工作很忙，孩子们也总有各种各样的事。我怎么才能让他们全盘接受我心目中理想的家庭愿景呢？还有，怎样才能让他们在家里都能拿出领导者的胸怀做人做事呢？”

/ 改变，从自己开始 /

“这不难，”朱利安不假思索地答道，“你自己首先要展示出领导力。甘地曾说过，欲变世界，先变其身。用以身作则的态度去领导你的家，我保证，乔恩和孩子们一定会效仿你的。”

“真的吗？”

“是的。人们总是盼着别人先做出改变。自己遇到问题，就抱怨政府；自己应付不了压力，就抱怨老板。自己心情不好，就抱怨交通堵塞。然而，抱怨别人，不过是给自己找了个方便的借口。你的人生出了差错，就把责任推卸给别人，这样混日子，就用不着鼓起勇气直面你的弱点。这实际上是一种怯懦的生活方式，这样下去，人只会变得越来越无能。《少有人走的路》作者斯科特·派克这样说过：‘当我们想避免为自己的所作所为承担责任时，总会试图把责任推卸到其他人、其他组织或其他事物上。但这同时也意味着，我们把自己的权力和影响力赋予了别人。’”

朱利安的语调越来越激昂，我能感受到他对自己的信仰是多么的坚定和执著。我全神贯注地聆听着哥哥生动的话语，不知不觉与哥哥一同走进了一间会议室。“凯瑟琳，这其中的道理很简单。当你抱怨别人、把责任推卸到他人身上时，就等于公开承认自己没能力把握问题所在，也等于公开宣布你无力抉择，更无力左右事态的发展。在抱怨别人的同时，你也放弃了自己应有的权力和影响力，就等于你当众宣布‘我没有能力让事情往好的方向发展，只有他们能做到’。也等于在说‘我没办法改善自己的人生境遇，只有别人才有能力影响我的人生’。这种思想会毒害你的心灵，使你陷入这样的恶性循环之中，最后落得一个不知所终的下场。”

“我以前从来没认真思考过这个问题。最近读到丘吉尔的一句话：‘伟大的代价就是承担责任。’现在我终于明白这句话的深意了。”

“你看，我们之所以为人，与动物不同，就是因为我们在面对某个特定情境时，都有选择的能力。可能某人在生意场上一败涂地，但却把失败的教训当成一次学习的契机，通过这种学习，他变得更加睿智、更加成熟，准备着在更大的机会来临时一展拳脚。但可能另一个不那么成熟的人，一遇到交通堵塞就发火。无论你是谁，无论你来自哪里，无论你以前有过什么样的经历，面对生活中的各种事件，你永远都有权力去选择如何应对。这种选择如何理解和接纳人生境遇的能力，就是我们人类的最高禀赋。所以，别再指望别人先做出改变，指望别人来改善你的境遇。你自己要先行动起来，挑起自己人生的大梁。哪里需要有所改善，就自己着手加以改善。我保证，家人一定会向你看齐，跟随你的步

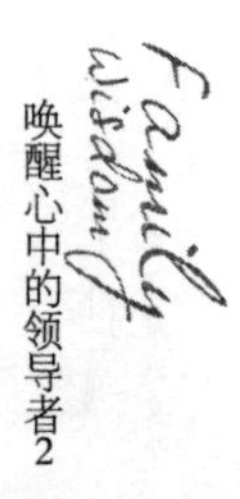

伐的。”

“好的。”我放松地陷入真皮椅中，思考着朱利安讲给我的道理。“那么，我要想培养出这种对家庭的归属感，就需要在家里做一个领导者?”

“是的。”朱利安答道。他随手整理着僧袍的衣袖，整个人看起来竟与这现代感十足的会议室如此不协调，仿佛是一丛蘑菇中一朵亭亭玉立的郁金香。

“在期望别人做出改变之前，我自己首先要做出改变。不应该看到孩子有不礼貌的行为就冲他们发火，我自己应该首先在孩子面前注意自己的言行举止；不应该整天命令孩子们整理房间，我自己应该先把家里那间办公室打扫干净；不应该总是在乔恩面前絮叨，抱怨我们的家庭生活无聊、缺乏激情，我自己应该主动做些事情，为生活增添乐趣。就像你说的，我要成为‘改善家庭文化的催化剂’。”

“是的，”朱利安答道，“塑造孩子理想中的品格，你自己首先要拥有这些品格。所有的孩子，特别是像波特和萨瑞塔这样的幼儿，都认为家长的行为就是正确的行为。你要用言传身教的方式告诉他们怎样做人做事。你的价值观和信念将会成为孩子们的价值观和信念。你负面消极的行为方式也会自然而然地成为孩子们的行为方式。要记住，孩子会时刻观察你的每个举动。如果你觉得看着你的那两双大眼睛不会被你的一言一行所影响，那你的想法就太简单了。记住这一点，凯瑟琳，除了与孩子共度美好时光之外，你能送给他们最好的礼物就是做一个行为模范。”

/ 睁开双眼，展望未来 /

“前几天我看了一则报道，让我很忧虑。”

“是关于什么的？”

“北美的儿童，平均每人每天要花五个小时看电视，而与父母交流的时间仅有短短的五分钟。太多的家长把培养孩子的责任交给了电视台的节目编导。在我看来，这无异于一种犯罪。”

“那么，具体应该做些什么来发挥我的家庭领导力，在家里做个榜样，构建起一种家庭归属感，就像你说的，在这个日新月异的陌生世界中，我们所有人都渴望获得的那种归属感呢？”

“你要做的第一件事，就是睁开双眼。”

“什么意思？”

“海伦·凯勒曾说：‘视力虽好，却看不到目标和愿景，这样的人才是世上最可悲的人。’太多的父母用混日子的心态面对生活，没有一点儿方向感。他们不懂得主动做出选择，而是抱着碰运气的态度过日子，天真地认为车到山前必有路。每天总想着走到哪儿算哪儿，幻想着该来的事情总会来，自己的孩子有朝一日总能碰运气成为一个有作为的人。然而，生活远不像他们想象中那样简单。这样的心态就好像把自己的幸福押在了命运的赌桌上。”

“这样的想法真可怕。”我被朱利安的话深深吸引住了。

“而且我要告诉你，凯瑟琳，如果你每天千篇一律地只做同一件事情，那么每天也只能得到同样的结果，不会有所改进。”

“记得有人说过，‘愚蠢’一词的定义就是每天重复同样的事情，还盼着能得到不同的结果。”

“是的。所以请拿出你的斗志，勇敢地为整个家庭的前途掌舵。尼采曾说：‘男人的责任很简单，只要不让自己的存在成为一种无心的偶然事件就好。’”

“我原谅他的性别歧视。”我说道。

“我也是，因为他这句话中的道理太深刻了。如果你想预知自己五

年后的生活是什么样的，只要确保不改变任何习惯、思维方式和信念就行。你将发现，五年之后的生活和今天并没什么两样。”

“这样可不好，”我真诚地说，“对于家庭的未来，我还有好多梦想等着去实现呢。”

“这样的话，你得明白，要想提高家庭生活的质量，你首先要改变自己看世界的眼光。你理想中的家庭文化是什么样的，就要在脑海中按照自己的理想绘制一幅发人奋进的蓝图。然后你要理清自己的思绪，把心中的理想塑造得更加生动、更加具体。最后，你要把这一理想写下来。”

“为什么？”

“因为，当你白纸黑字写下来时，就相当于签订了一项协议。”

“是吗？”我将信将疑。

“的确如此，”哥哥答道，“这就如同你对自己发了誓，或是与自己签订了合同。其实，你的人生信念不过就是你与自己达成的关于命运的协议。有些人固执地认为，自己太忙了，根本没有时间每天拥抱几次孩子，向孩子传达父母的爱。这样的想法，就等于与自己达成了协议，为这样的‘行为’辩护。有些人深信，因为过去经历的种种挫折，他们将来也注定无法有所成就。这种想法，也等于是与自己达成了协议，放任自己用这样的‘行为’混日子。你与自己达成的协议具有十分强大的效力，凯瑟琳。”

“我第一次听到这个说法。”

/ 家庭愿景计划书 /

“我希望你能按照我说的去做。现在，你明确知道自己想要的家庭生活是什么样的，也愿意为实现你的家庭梦想而努力，对吧？”

“是的。”

“那么，就请起草一份家庭愿景计划书，作为你的日常行为指南。这样，在思考如何分配时间、怎样度过一天时，你就能做出更明智的选择。这份计划书就如同一个承诺、一项声明，让你时刻铭记那些最重要、最有意义的东西。”

“构思一份计划书，并用文字记录下来，我就可以不用再抱着碰运气的想法过日子，而是能主动在生活中做选择？”我深深地被朱利安的想法所吸引。

“是的，这样你就可以完全掌控自己的命运。家庭愿景计划书就仿佛一座为你点亮的灯塔，无论你经历怎样的风浪，这座灯塔都能为你指引着家的方向，告诉你哪里可以找到爱和安宁。这座灯塔也会给你带来希望，让你相信更加美好的生活一定会到来。同时，这座灯塔也可以保护你和你的家人。”

“保护我们？”

“是的。如果你明确了解自己对家庭的未来有什么样的打算，就可以保护自己和家人免受生活中各种负面影响的侵害。当脑海中已有十分明确的想法，自己也能全情投入到实现家庭愿景的努力中去，那么别人的意见和态度就不会对你造成干扰。电视里那些迷惑人的广告，总是试图强加给你一种认识，告诉你什么样的家庭才是完美的，现在的你再也不会被那些宣传所打动。那种总想跟邻居或同事攀比的心态也会渐渐消失，你和你的家庭会变得独立起来。而且，坚持下去的话，你自己也会有所提升，能够以一种更睿智、更开明的态度去引领你的家庭生活。”

“我很希望孩子们能变得独立。我知道，独立思考的能力是在商界取得成功的一个关键因素。最近我在《快公司》杂志上看到奥克利太阳镜公司 CEO 科林·巴登说过的一句话……”

“噢，我很喜欢那本杂志。”朱利安打断我的话。

“你也看《快公司》?”我惊讶地问道。

“跟你说过我对知识如饥似渴。那本杂志的确不错。”

“是啊，”我继续道，“这位高管的话是这样的：‘如果你用某种方式做事，只是因为别人都在用同样的方式做事，那么这种方式很可能是错误的。’我很喜欢这句话，因为我从内心深处认同，若想在当下的商界大环境中取得成功，首先必须拥有独立思考的能力。”

“在生活中也是同样的。那么，就请你鼓起勇气，起草一份家庭愿景计划书，开始用你的方式去主动迎接生活，按照你内心深处……”

“和乔恩内心深处。”我打断他。

“和乔恩内心深处，”朱利安赶忙改正，“按照你们两个人内心深处的信念去做正确的事。把你们对家庭未来的愿景以具体的文字形式记录下来，是一种很有效的方法，这样，你的承诺就会更加坚定。”

“为什么?”

“因为我发现，只有把承诺真的写下来，人们才会真的履行承诺。”

“同意!”我激动地说，“我自己在职业生涯中取得成功的一个关键秘密，就是坚持搞清楚自己想要什么结果。我以前总是以 90 天为一个周期，把周期目标写下来，每天读一遍，这样可以帮助我关注日常事务中的重点环节，抓住可能会遗漏的机会。”

“很好，凯瑟琳。家庭生活中也需要同样的书面行动。我建议你先起草一份家庭愿景计划书，认真研读，分清各项事务之间的主次关系，然后给每项重要事务定一个完成日期。”

“我们勇敢生活网之所以能成功，主要也是因为用了这种战略思维方式。”

“这种战略思维同样可以让你的家庭生活更加美满幸福。我有时实在搞不明白，为什么人们把自己的职业生涯规划得一丝不苟，却对家庭生活的前景毫不在意。”

/ 定期“人间蒸发” /

朱利安沉思了一会儿，随手摆弄着床头柜上的一个铜质杯垫。他低垂眼帘，静静地思考着什么。随后，他说：“伟大的领导者通常会比普通人心思缜密，他们会不定期地花一些时间来独处，思考一些问题。爱因斯坦就常常这样做，知道吗？”

“不知道。”我坦白地答道。

“确实是这样的。我在书里读到过，说他在一个安静的房间里放着一把‘思考之椅’，每隔一段时间都要去坐一会儿。每当此时，他什么都不做，就是思考。”

“我们公司最优秀的销售也是这样的，”我说，“他每隔一周就会给自己放一天假，按他的说法是‘人间蒸发’。他会把所有的通信工具全留在办公室，然后去一个谁也找不到他的地方。随身就带一个笔记本和一支铅笔。一整天，他全部用来安静地思考。”

“这人不错，”朱利安微笑着点头道，“我觉得我会喜欢这个家伙的。”

“以前大家都觉得他在发神经，后来看到他的销售业绩，所有人都心服口服了。他的业绩远远超过其他同事，销售额比第二名多出整整5倍。整整5倍啊！我和他长谈了一次，想搞清他的成功思路。他告诉我，在‘人间蒸发’那一天，他会全神贯注地构想自己的未来，细致地描绘美好的图景。他会把一些想法写下来，之后，这些想法在他的脑海中就会越来越清晰。”

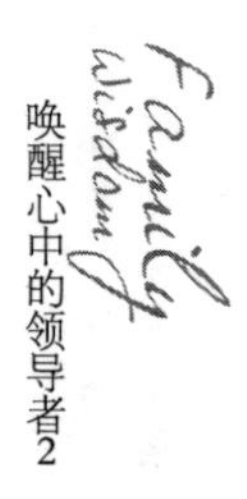

"看到了吧，思路清晰，做起事来就会事半功倍。"朱利安欣喜地打断我说。

"嗯，在他身上的确是这样，"我继续说，"他告诉我，一人独处的时间越长，就越能构想出丰富多彩的未来，想象力也会给他更多的点子和创意。这样的头脑风暴一旦来袭，他就会把各种想法全部记录在本子上。所有的意识都会集中在关键事务上，除此以外，他不想其他任何无关紧要的东西。他跟我说，在这些特别的日子里，他的内心充满了希望和动力。带着这些新目标，他回到工作岗位，用业绩一次次折服大家。"

说完，朱利安做了一件让我十分意外的事。他快速站起身，一步迈上了光洁如镜的会议桌，然后开始跳舞。开始还是轻柔地舞动，之后便近乎疯狂地跳了起来，好像被人施了魔法一样。

"朱利安！你到底在干什么？难道疯了吗？拜托赶快停下来。我被你吓到了。快停下来吧！"我乞求着哥哥，被眼前的情景惊呆了。

"别担心，小妹妹，"朱利安模仿着流行歌手的动作和语气答道，"我就是想找点儿乐子。"

"拜托，朱利安。我们是在一家价值几十亿美元的公司总部办公室里，你在这里总得有点儿规矩啊。"

"我们度过的每一天，都要有意识地加进一些欢乐的心态和傻傻的举动，这样，才能从无数刻板的规则和秩序中寻求一点儿解脱。"他神秘地答道。

"你说什么？"

"这是作家梅·萨顿的原话，我就是这样生活的。我要遵守很多戒律，还要修炼自身的德行，但同时，我也有意识地在自己心情好的时候乐一乐。上来跟我一起跳吧，这样做是为了让你明白一个道理。"

我思考着朱利安这一不同寻常的要求。我承认，哥哥的行为很是反常。但在内心深处，我早就被他的智慧折服。我深信，哥哥在高山深处获得的智慧赋予了他无比深刻的洞察力，只要有勇气接受哥哥的教诲，这些智慧一定会给我的生活带来翻天覆地的变化。我也明白，如果我不听他的，那么将来后悔的是我，而不是他。

“好吧，你赢了。”我一百个不情愿地爬上会议桌，但不打算脱鞋。

“跳起来吧！”朱利安笑着说，“让你内心深处沉睡已久的那个孩子重见天日吧，她一直在求你放她出来一起玩呢。相信我，这样做可以滋养你的灵魂。”

我动了动脚，但实在不好意思跳起来。

“快跳，不然我就大声唱歌了！”朱利安面带笑容威胁我，眼中闪烁着狡黠的光芒。

“唉，好吧。”我无奈地答道，举起双手在空中摆动着，模仿着约翰·特拉沃尔塔在《周末夜狂热》中的招牌动作，慢慢找到了点儿感觉。“嘿，是挺好玩的。”我一边说一边有节奏地晃动着身体。

“当然好玩啦。记住，千万不要忙得连跳舞的时间都没有，妹妹！”他大声说着，有力地把古铜色的拳头挥向空中，带着运动员才有的那种柔韧劲头转动着身体。

就在这时，我的高级副总裁恰好从会议室的玻璃墙外经过。几秒钟后他又转回身来，瞪大了双眼，满脸惊诧地望着桌上的我和哥哥。我立刻停了下来，呆住了。而朱利安则继续开心地跳着他的野蛮之舞，而且被人当场抓住，他好像更兴奋了。我那位同事呆立在玻璃墙外，观察着我们的怪异举动。突然他开始大笑起来，把头探进了会议室的大门。

“看来你已经完全康复啦，真替你高兴，凯瑟琳。等你有空的时候，

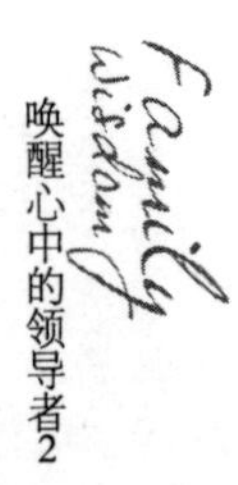

一定要跟高管团队的同事们好好分享一下你最新发明的管理之道。”他开玩笑地说。

“一定，赖斯，一定会的。”我很感激他对我怪异举止的纵容。

/ 关键的少数 /

副总裁离开了，我看向朱利安。

“朱利安，你想告诉我什么道理？我要是继续跟着你做这种傻事，一定会成为全公司的笑柄的。”

“好吧，我就是想让你开心一下，现在回到正题上。我要告诉你的道理很直观：站在这张桌子上，你会有一个完全不同的视野，可以从一个更高的角度观察周围的事物。还记得宇航员的登月之旅吗？”

“当然。”

“宇航员从月球返回后，常常会提到从太空瞭望地球时的那种全新视角。他们说，从高处观察我们生活着的星球，让他们对生命有了更透彻的理解。”

“所以，站在桌子上，我就可以把这个世界看得更透彻？”我被朱利安的比喻搞得有些迷糊。

“还是回到我们刚才谈到的家庭愿景计划书上来。站在会议桌上，能以更开阔的视野观察这间会议室，同样，创建一份家庭愿景计划书，也可以让你用更开阔的视野去审视生活。你就能时刻心存美好的展望，而不会被繁冗的琐事牵绊，忽略掉生命这一伟大礼物赐予我们的幸福和快乐。你会用从太空俯瞰地球的视角，来看待这个你热爱着的叫做‘家庭’的小小社会。你不会再整日为无关紧要的小事而烦恼，而是集中精力和时间，把握住‘关键的少数’。”

“‘关键的少数？’”

"没错。不管是在公司还是家里，若想成为一位优秀的领导者，就意味着你要把重点放在'关键的少数'，而不是'平凡的多数'上。很多人都把人生中最美好的岁月花在了毫无意义的事情上，没有能力向着自己理想中的生活目标前进。他们常常坐在电视机前发呆，总是不停地回想这辈子不如意的地方，不愿看到生活中美好的一面。要不就是对着电话聊八卦，或是不停地训斥孩子。而家庭愿景计划书，可以帮助你把注意力集中在少数几件最有意义的事情上，为生活带来最积极的改变，确保你实现心中的梦想。"

朱利安从桌上跳下来，斜靠在墙上，沉默了一会儿，仿佛在给我时间思考。

"写下你的家庭愿景计划书和丰富家庭文化的具体目标，这对你大有好处，你会及时发现让生活更加幸福美满的好机会。而如果你没有认真思考过这些问题，就会错失良机，因为你根本没有花心思去寻找。知道吗，在生活中你关注哪个方面，那个方面的重点就会变得越来越明确，因为你整天想着的事情会不断自我扩张。也就是说，你把注意力投入到什么事情上，那件事情就会变得越来越重要。"

"我同意这个观点，关注的重点的确会在我们的意识中自我扩张。我发现，我每赢得一位新客户，第二天开车在城里转的时候，保证满眼看到的全是与这位新客户有关的东西。可能是一辆一闪而过的卡车，上面有客户公司的商标，也可能是当天报纸上客户的广告，回家路上还能看到他们总部办公室的大楼。所有这些东西以前也都在那里，但是在我开始关注这位客户之前，所有这些我都看不到。一旦开始关注，似乎全世界都布满了他们的印记。"

"你的观察很能说明问题。这种体会我们每个人都经常遇到。只要

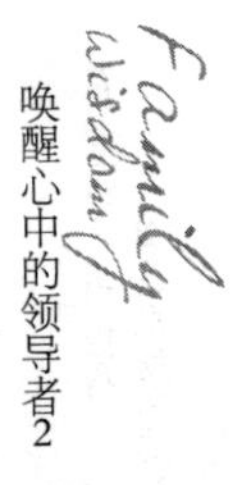

你开始在一件事上花心思，这件事就会在你的意识中不断膨胀，充斥着你的感知系统。这就是为什么我总是强调意识决定变革的原因。在你对人生中某种东西加以改变之前，首先要意识到它的存在。并且集中精力去关注它，然后充分地认识和把握它。如果你根本意识不到自己身上的弱点，又怎么可能除掉它呢?”

“现在我明白了，你的意思是说，如果我把家庭愿景计划书写下来，就等于达成了一项协议，然后我要把这一协议划分成一系列具体目标，这样，我就可以集中精力关注生活中的这些目标了。”

“对极了。”

“还有，你的意思是不是说，像我们这样整天奔波的人，所有精力都被随时发生的琐事占据，根本没心思去留意那些让生活变得更加幸福美满的好机会。而起草一份家庭愿景计划书，就可以让我看到这些机会?”

“是这样的。这让我想起了以前经常一起喝酒的那位好莱坞剧作家。”

“我也记得他。他总穿着牛仔靴，不管去哪儿，手里总拿着一瓶依云矿泉水。”

“就是他。记得有一次他跟我说，他在好莱坞成功的秘诀，就是每次写剧本的时候首先要把结局写好，然后再从后往前倒着写。”

“真聪明。”

“是啊。我建议你也采用同样的办法。请闭上双眼，展开想象力，在脑海中构思一个最幸福美满的结局，然后把思路从未来一点点拉回到今天。你看，家庭愿景计划书其实就是一个关于人生和家庭的故事。如果某件事或某个行为与剧本不符，无法让你向梦想中的结局更进一步，那么不做这件事就是了。”

“明白了!”我终于体会到了其中的深意。“这些智慧都是锡瓦纳的圣贤传授给你的?”

“圣贤们传授给我成功人生的基本框架和原则，也告诉我，想拥有成功的一生，就要维系好亲情这个基础。我在圣贤教诲的基础之上，又加入了自己的理解。我总结出了一些心得，有些想法让我自己都感到震撼。我现在与你分享的正是这些心得，亲爱的妹妹。”

“简称小妹。”我冲哥哥眨了眨眼，哥哥还给我一个微笑。

/ 让家成为天堂 /

“那么，我还应该做些什么来展示我的领导力，培养出一种家庭归属感呢?”

“让家成为天堂。”朱利安简单地答道。

“能不能具体讲一下?”

“圣贤们生活在喜马拉雅山深处的锡瓦纳，他们十分珍视自己的家庭。他们总是把简朴的小家打扫得一尘不染，让阳光洒满房间的每个角落。家里总是时刻保持新鲜空气流通，处处都装饰着鲜花。他们之间常常互相走动，一起畅谈哲学，分享智慧，但同时，他们也确保为自己留下足够的时间，在家中静静思考、回顾和反省。我想说的是，在这个熙熙攘攘的世界中，把你的小家塑造成属于一家四口的天堂，就是真正展现出了你的家庭领导力。”

“我家也是你的天堂，朱利安。我们都很喜欢和你一起生活。虽然你看起来年轻，但波特和萨瑞塔能感受到你丰富的智慧和阅历。你搬来和我们同住，孩子们简直高兴极了。他们的爷爷和外公都不在了，所以孩子们就把你当成了他们的爷爷。”

“真的啊，那我可要谢谢他们啦。”

“真有意思，你好像有一种能让他们安静下来的魔力。我跟乔恩总

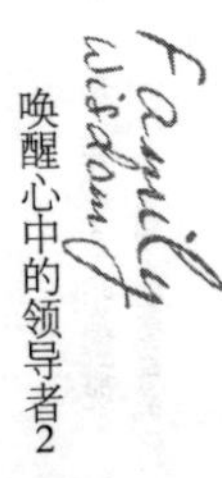

是不停催促他们快点做事，而你却一直提醒他们要放慢脚步。”

“爷爷不都是这样的嘛。纵观人类文明，敬老爱老是千古传承的美德。在家中，老人就是智慧的源泉，人们总会围坐在长者身边，聆听长者讲授人生的道理。在喜马拉雅山中，几世同堂是很普遍的现象，圣贤们从来都没想过不与父母同住的情形。长辈对于圣贤们来说就是最珍贵的源泉，无私地给予他们慰藉、知识和慈爱。”

“年轻的圣僧一定能学到最多的知识。”

“是这样的。在我们的西方世界也一样，如果问学校老师，他们能不能看出哪个学生受到了祖父母的影响，老师的回答总是肯定的。生活中有祖父母陪伴的孩子，比别的孩子更平和、更安静、也更加信任其他人。这些孩子更加独立、有思想、富有同情心。回头看看我们小时候的家，爷爷奶奶以前总能给我们一种感觉，让我们觉得不管遇到什么事，一切总会好起来的。”

“是啊，我真怀念他们。”

“我也是。知道孩子们喜欢我陪在身边，我很欣慰。我真的很爱他们。每当波特坐在我腿上，萨瑞塔挽着我的胳膊，缠着我给他们讲我的印度历险记时，我就由衷地感到快乐。而且我发现，他们教会我的东西，与我教给他们的东西一样多。圣贤们认为，孩子来到这个世界时，会比同时代的成年人进化得更为高等，因此能够给我们带来崭新的智慧。波特和萨瑞塔的确是这样的，他们总能提醒我要留住一份童真，保持好奇心，时刻心怀慈悲。这让我想起了古希腊哲学家赫拉克利特的话：当一个人用孩子做游戏时的认真心态做事时，他就真的接近了自我。”

“你根本不需要别人给你提醒，你总是那么积极向上。我觉得你的新形象与你本人很配，看到你面貌焕然一新，我真替你高兴。”

"多谢。我崇拜的海伦·凯勒曾说：'悲观的人永远不会看到繁星的秘密，不会驶往未知的大陆，也不会开辟人类精神的新天地。'"

"多美的话语。"

"是啊，的确很美。记得当年做律师的时候，我总是嘲笑那些阅读励志书籍的人。每当我看到有人下班挤地铁时手里还捧着书看，而且那些书名还很怪，什么《大生活》《生命尽头，谁将为你哭泣》之类的，我总会带着高人一等的心态一笑而过。我那时想，正常人谁用得着读这种书。但是，我现在的想法已经改变了许多。聆听了圣贤们的教诲，我终于明白，作为一个人，你能做到的最正常、最明智的事，就是提高自我。利用时间唯一最好的方式，就是去陶冶你的心灵，使自己成为一个对世界更有用的人。"

"有一天你说要换一下鲜花，我去你房间放鲜花时，看到了你在天花板上贴的那些名言。"

"是不是很棒？"朱利安骄傲地说，"晚上孩子们睡下之后，我回到自己房间，躺在床上，就开始大声朗诵每一条名言。这些永不过时的人生信条，总能让我更深刻地理解生活的意义。"

"我特别喜欢那句古印度箴言：'高人一等，并不能证明你的高贵。真正的高贵源于超越自我。'"我一边沉思一边说道。

"多么发人深省的话，一语点中了人生意义的核心问题。人这一生，并不是为了与别人竞争，而是为了不断超越自己，每天都有进步，一步一步让自己成为更有价值的人。"

"这样，我们就可以有益于身边的人，有益于这个世界。"

"说得很对，凯瑟琳，"朱利安肯定地说，他为我的领悟而开心。"现在回到刚才的话题，把你的小家变成天堂。"

"我非常想弄明白这个道理。"

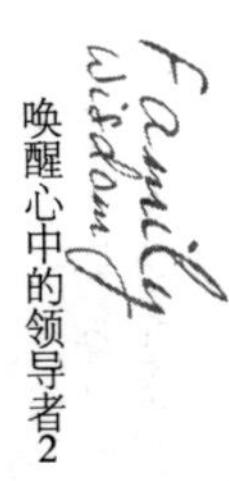

/ 选择难走的路 /

“首先，我建议你买一些优秀的书籍，并告诉波特和萨瑞塔，引领成功的人生需要大量的阅读。父母能送给孩子最好的礼物之一，就是培养孩子热爱读书的好习惯。孩子们未来一生中可能遇到的所有问题，在书中都能找到答案。每天坚持阅读，波特和萨瑞塔就可以常常与世界上最伟大的人交流思想。他们可以走进历史上最博学的思想家的内心，了解这些思想家最深刻的智慧。另外，你最好每天晚上花 30 分钟的时间与孩子们一起读书，并且让他们对某位作家或某个系列的著作产生兴趣，这样他们就会每天都盼着读书时间的到来了。我可以肯定，这看似简单的晚间阅读会对他们的人生产生非常有益的影响。”

“好主意。我以前总觉得他们在学校就已经读过书了。”

“学校只是父母对孩子教育的补充而已。现在，家长们总是事情太多，时间太少，如果能抛开手中各种繁冗的事务，也许他们会有耐心亲自教给孩子许多东西。放手把孩子交给学校，指望着老师负起教导孩子的责任，这样做家长会很轻松，但却是错误的。作为家长，要想发挥出领导力，就意味着你要做到所有良心上认为正确的事，即使这些事可能不是最轻松的选择，你也要去做。”

“可以举个例子吗？”我好奇地问道。

“当然可以。比如说，一天的辛苦工作之后，你回到家里，可能什么都不想做，只想靠在沙发上看电视。但这时，萨瑞塔想让你给她读书。如果你想轻松一点儿，就会甩掉黏在身上的孩子，然后叫乔恩拉她出去散步。可是，正确的做法应该是关上电视，拿起书，念给女儿听。这样做就是在家中展示出了领导力。”

“的确。”

"再举个例子，要对波特讲真话。"

"讲真话?"

"讲真话，就是倾听自己内心的声音，然后说出来。这世上太多人只会说别人愿意听的话。他们利用自己的语言去操控别人，而不是表达内心的真实感受。这样根本无法建立人与人之间的信任，更无法为生活增添一份爱。长年累月的言不由衷，使这些人的整个精神状态都变得不真实。因此，只有讲真话，说出你的真实感受、信念和想法，才能达到家庭领导者的高度。"

"哇!"我不知道该如何描述自己的感受。

"还回到刚才的例子上。生活中，我们总是试图逃避恐惧。而智慧、开明、成熟的人，却会勇敢地直面恐惧。对于我们大多数人来说，如果别人做了让我们不舒服的事，我们总是会倾向于避免与人发生冲突。如果有人对我们不好，我们感到难受时，就常常假装事情没有发生，拿不出勇气来用一种成熟的方式解决问题。这样下去，我们心中的伤口会逐渐恶化。"

"而且，这样做会耗光你的精力。"我补充道。

"是的。所有这些小伤口积攒到一起，就会变得无比沉重，成为一生的累赘。领导力的表现，就在于你能够在问题出现时，不管直面问题会令人多不自在，你都能以一种成熟、理性、真诚的方式去解决。举个例子，如果波特在十几岁时做了件让你很难堪的事，你会面临一个选择——要么对问题避之不谈，要么勇敢地直面问题。躲避问题，只能让你的伤口越来越深。而直面问题，则意味着波特能对自己的行为有所认识，你与他之间也可以借此机会加深相互了解。"

"所以，领导力从另一个角度讲，就是给自己多一些挑战，面对抉择时要选相对更难走的那条路，即使这条路走得并不轻松，也不放弃。"

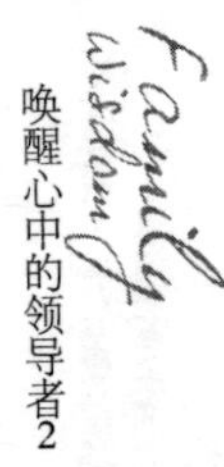

"是的，而且我要告诉你，你对自己越苛刻，生活就会对你越宽容；你对自己越严格，生活就会对你越宽松。"

"这是什么意思?"

"意思是说，当你对自己严格起来，控制住自己所有软弱的想法，用足够的自我约束力去做正确的事，长期坚持下去，你的人生一定会很精彩。拒绝对你来说很容易做到的事，倾听内心的声音，选择去承担那些你应该做的事，这样，你就离自己梦想中的家庭生活越来越近。"

"你说的这些事，就是我要在家庭愿景计划书中列出来的吗?"

"是这样的，就是这样。"

朱利安优雅而敏捷地戴上僧帽，望向窗外，凝视着远方的地平线。远处满是高耸的摩天大楼，那里的芸芸众生大概和我一样，都在为生活中的种种困惑而挣扎摸索。

/ 学习型文化 /

"我得走了，凯瑟琳。我要去见一个人。"

"我能问问你去见谁吗?"我难以掩饰自己的好奇心，脱口而出。

"我要去见一位手工艺人，他正在为我做一件特别的东西。等时候到了，你自然就知道了。"朱利安只透露了这些。"离开之前，我们来总结一下今天的收获。刚才谈到的有：要为孩子的成长负起责任，不要指望学校去做所有的事，这样的想法对孩子和学校都不公平；还要让波特和萨瑞塔爱上读书。梭罗在其名著《瓦尔登湖》中，将人类历史上的伟大书籍称为'英雄史诗'，他说，这些书中记录着人类最崇高的思想。"

"可是，萨瑞塔还不认字呢，波特还在看《亚瑟王》《好奇的乔治》

这类儿童读物。我可以在家里堆满各类名人自传和哲学家的智慧语录，但孩子根本读不懂，这样做有意义吗？”

“他们自己可能读不懂，但是你可以读给他们听。如果你真的想激发孩子的潜能，让他们将来成为优秀的领导者，你就要让孩子们了解，生活在他们之前的伟人是怎样度过一生的。我刚才说过，榜样的力量对孩子十分重要。如果想让孩子爱上学习，就把电视关掉，坚持每天晚上自己读一小时书。如果想培养孩子追求卓越的精神，你自己就要先做到追求卓越。在家中放满各类名著，每天都用一点时间来读书，哪怕只有15分钟，也是发送给孩子的强有力的正面信息，可以让他们感受到读书的重要性。我想不出来，在所有父母能给予孩子的馈赠中，还有什么比留给孩子一个爱读书的好习惯更宝贵的，因为书里装满了世上最多彩的智慧。等到波特和萨瑞塔明白了你的良苦用心，他们会对你感激不尽的。”

“真是个好主意。把世界上最优秀的著作收集起来，为孩子建造一座小图书馆。”

“这是件很有意义的事情，凯瑟琳。不管你走到哪里，请留心收集各种有特色的优秀书籍，为家里的小图书馆添砖加瓦，并且每天晚上坚持大声朗读这些好书。你可能觉得他们听不大懂，但这些智慧会悄悄地埋藏在孩子的心灵深处，早晚有一天智慧的种子会生根发芽，让他们成长为胸怀宽广的人。”朱利安富有诗意地说。

“记得勇敢生活网还处在发展阶段时，我们聘请过一些咨询顾问，他们帮助公司创建了一种学习型文化。顾问说，如果我们想让员工提高效率、增加创意，那么我们作为组织的领导者，就有义务构建起一种氛围，让员工爱上学习。”

“说得好。当今世界，要想取得成功，点子和创意必不可少。也许某个人头脑中的一个点子就具有改变整个世界的力量，如果你不相信，

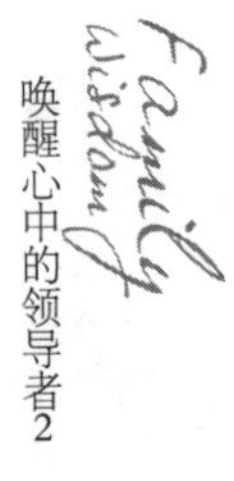

就看看比尔·盖茨，还有乔布斯。在你熟悉的高科技领域，这两个例子就足以说明问题。”

“不仅是在商业社会中，”我补充道，“曼德拉的伟业也是从无到有的，一切不过开始于他头脑中的一个简单想法——他认为他的人民理应拥有自由。”

“还有圣雄甘地，他也是这样的。”

“阿梅莉亚·埃尔哈特①也不过是抱着飞向蓝天的简单信念。”

“又是一个好例子。”朱利安肯定地答道。

“爱因斯坦的思想为科学界带来了巨大变革。”

“正是。新世界的伟大领导者也必然是伟大的思想家。因此，你有义务听从那些你高价聘请的咨询顾问的建议，不仅在公司，更要在家里创建一种学习型文化。让学习变得有趣，把你的小家变成一个思想的游乐场，点燃孩子们学习的热情，让‘好奇的乔治’成为孩子们的行为模范。”

“‘好奇的乔治’？”我有些不解。

“波特和萨瑞塔都喜欢‘好奇的乔治’，对吧？”

“它简直就是孩子们心目中的英雄。”我答道。

“每一本《好奇的乔治》第一句话都是一样的，还记得吗？”

“当然。乔治是个很乖的小猴子，它总是充满好奇心。”

“没错。作为家长，你要为波特和萨瑞塔灌输一种强烈的好奇心，让他们对知识和智慧如饥似渴。引导他们爱上读书，爱上音乐，爱上思考。这样，不管这个世界未来经历何种变迁，他们都拥有了取得成功的稳固基础。”

---

① 阿梅莉亚·埃尔哈特（Amelia Earhart，1897—1937）：美国著名女飞行员，也是第一位独自飞越大西洋的女飞行员。1937 年尝试全球首次环球飞行时失踪。——译者注

/ 鲜花、空气和阳光 /

“那么，为家庭创建你说的这种‘学习型文化’之后，我还需要做些什么才能让我的小家变成天堂呢?”

“鲜花，”朱利安答道，“随便哪家小卖店都能买到鲜花，一束只要几块钱，但鲜花对家庭环境的改善却是用金钱无法衡量的。”

“真的吗?”

“只要在家里摆放一两束鲜花，就可以给人一种安宁的感觉。在锡瓦纳，圣贤们在他们的小家之中摆满了鲜花，把鲜花当做生命中所有美好事物的标志来敬拜。家里的鲜花可以增添一抹色彩，让你能时刻体会生活中最简单的快乐，而且鲜花可以让孩子们知道，大自然在我们的生活中具有十分积极的影响力。”

“我同意。自从我出院回家之后，每周都坚持到树林中散步，就是我们小时候常去玩耍的那片树林。孩子们看电视时，我也时常把电源关掉，带上他们一起去树林中。我们一起采集树叶标本，一起玩捉迷藏，还在你以前光屁股游泳的那个大池塘边打水漂。”

朱利安大笑起来：“我记得呢。童年时光真是太美好啦。”

“是啊，真的很美好。你说得很对，我跟孩子们在大自然中共度的时光的确很难忘。我们建立了更深厚的感情，也把各自内心最美好的一面展示了出来。而且，我知道，大自然给孩子们带来了无穷无尽的创造力。”

“我的建议就是尽力让自己的家变得美丽。提高对美的鉴赏能力，多多留意身边美丽的东西，用摆放鲜花等方法来提升对美的意识，随着这种意识的增长，不仅仅在家中，你将在你的生活中发现越来越多美好的事物。”

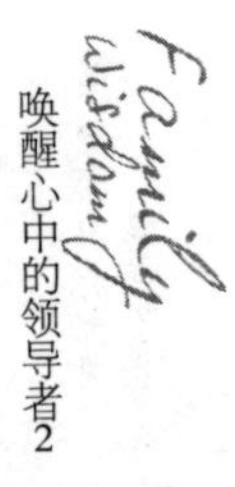

朱利安继续说：“为了让小家成为天堂，我还建议你采纳圣贤们常用的一种方式——让新鲜空气贯穿家里每个房间。”

“这是为什么？”

“这是众多古老的东方习俗之一，到现在我也不能完全明白其用意。但是，凯瑟琳，我希望你用结果来判断。我的小屋总是开窗通风，这是我保持精力旺盛、身体健康的关键原因之一。这可能是因为我们吸入肺中的氧气越多，我们的活力也就越充沛。圣贤们常说，‘正确地呼吸就是正确地生活。’所以我每天都保证呼吸一些新鲜空气，比如清晨散步时，我会有意识地做做深呼吸。通过这种简单的练习，我的体内就充满了活力和能量。我们生下来做的第一件事是什么？”

“呼吸。”

“没错。因此，请记住，正确的呼吸练习对健康的生活很重要。”

“好的。还有什么别的建议吗？”

“再给你三条建议：第一，让阳光洒满房间。阳光的确能温暖人的灵魂，给我们带来好心情。还是以我的小屋为例，我房间的那扇天窗就是为了让更多的阳光照进来。明亮的光线可以让我一整天保持微笑；第二，试着在家里安排一些安静的时间，特别是在乔恩下班、孩子们放学回家后的晚间时光。很多父母从来都不把家里的噪音当回事，但其实安静的环境对于平和的心境来说十分重要。你的环境决定了你的思维方式，如果电视总开着，电脑游戏一直不停，收音机也是嗡嗡作响，你的家就永远不可能成为一片安宁的绿洲，成为一个超脱于外界的天堂。”

“听起来真不错！”

“让孩子试着去理解安静带来的快乐。等他们长大一些，要让他们明白，没必要一直不停地放着音乐、开着电脑、打着电话。鼓励孩子多与人交流，培养写信的好习惯。带他们观看美丽的落日，激励他们心怀美好的梦想。”

“真希望孩子们能有这些好习惯。”我带着向往的语气答道。

“第二条建议，就是每天全家人坐在一起共进晚餐，体会彼此陪伴的乐趣。过去，每个家庭都很重视一家人一起吃饭的时光。然而现在，我们有限的时间要分配到太多的事务中去，这种好习惯早就不复存在了。共进晚餐时，问问孩子们一天过得好不好，从一天的收获中学到了什么，谈一谈你的家庭愿景计划书，或者其他愿意与家人分享的事情。对了，最好在晚餐时间把手机关掉，以免被打扰。”

“这就是发明语音信箱的用意，对吧？”

“没错。”

“每次电话一响，我们都有接听的冲动，不管手头做着多么重要的事，不管是不是正在与孩子共享宝贵的时光。”

朱利安点了点头。我能感觉到，他似乎有什么急事，需要马上离开，但还想在离开之前尽量跟我多说一些。

“你的第三条建议是什么？”

“永远不要忘记，能玩儿到一起的一家人就是团结的一家人。每隔几周来一次‘开心之夜’，租一盘喜剧电影回来，和家人一起开心一下，或者搞点轻松幽默的活动，让全家人一起开怀大笑。永远不要丢掉你可爱的幽默感，凯瑟琳。你要让孩子们了解捧腹大笑的好处，笑容可以拉近人与人之间的距离，也是加深人与人沟通最有效的方式之一。人生并不总是一帆风顺，但无论遇到什么挫折，请保持乐观的心态，让笑声永远陪伴着你的家。家里多一些欢声笑语，就会让波特和萨瑞塔觉得，做大人其实并不是一件严肃的事。你有没有留意过孩子们扮成你和乔恩做游戏时的样子？”

“留意过。”

“他们扮成你们，就变得特别严肃，对不对？”

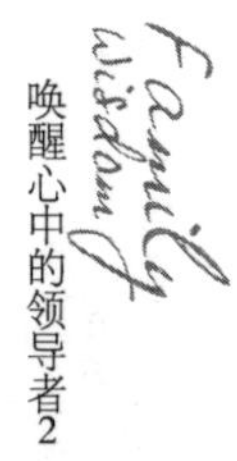

“你说的没错，他们是这样的。”我恍然大悟。

“所以，这也印证了我刚才说过的一点——孩子们的确比我们成年人更高等，进化得更完美，所以从孩子们身上我们能学到很多东西。也许你最应该向孩子们学习的，就是放下沉重的情绪，多一点怡然，多一点随性。”

“我都爬上桌子跳舞了。”我笑道。

“可不是嘛！”朱利安伸手把我紧紧揽入怀中，吻着我的额头。“我知道，你们的生活会很幸福，孩子们长大之后也会成为优秀的人。不必为这些事情过虑，把我今天传授给你的这些东西牢记于心。今天余下的时间，想一下如何用这些智慧创建丰富的家庭文化，如何把你的小家改造成为一个让家人眷恋的小社会。这样，你的生活就会从平庸蜕变到非凡的境界。”

说完这些，我的哥哥，伟大的朱利安·曼特尔，转身消失在门口。午后灿烂的阳光洒入房间，温暖着我的全身。今天领悟到的智慧让我满心欢喜，真想爬上桌子，再跳上一段。

- 构想家庭愿景计划书，并把它写下来。
- 选择难走的路，为孩子的成长负起责任。
- 创建学习型文化，为孩子建一个小图书馆。
- 让鲜花开满房间；让阳光洒满房间；让家里保持安静。

Family Wisdom

第07章

要诀2 情感

释放人性瞬间

给自己立下规矩——每晚静卧床上回顾一天时，都能对自己说：“今天，别人因为我的存在而多了一点智慧，多了一点幸福，多了一点成就。”

查尔斯·金斯利

我没有付出全部的爱。我太忙了，总是忙着为生活做准备。而正当此时，生活却与我擦肩而过，如轻舟般顺时间之流而下，一去不返。

洛伦尼·卡里

最近我一直在回味朱利安的教诲，意识到家庭也是需要领导力的组织，与其他组织没什么区别。自从上次与他在勇敢生活网的办公室促膝长谈，已经过去几周的时间了，我开始着手改变在家中的行为方式。乔恩和我达成共识，要一起承担家庭领导者和变革催化剂的重任。我们慢慢意识到，朱利安的话很对：家长就是家庭的领导者，我们不能贪图安逸、逃避挑战，而应该去做正确的事。每当朱利安陪波特和萨瑞塔玩耍时，我们俩总会出去散步，共同讨论家庭愿景计划书的开头部分，我们要以这份计划书作为行为指南。我们还谈到了要以身作则，对以前的行为做了深刻的反省，并列出了一个长长的清单，上面都是我们需要改善的方面。

几百年前，英国神学家托马斯·富勒曾写道："人们不会信任一个行为与信念不一致的人。"在我看来，这句话的意思是说，如果你实际的言行与你所宣称的价值观和信念不相符，那么你就不是真的秉承这种信念。你可以把自己歌颂得无比完美，但事实不会撒谎。你可以在全世界面前宣扬家庭第一的理念，但如果你总是为了加班而不能与家人共进晚餐，事实就会证明，家人对你来说根本没那么重要。你可以大肆宣传阅读的好处，也给孩子们购买很多好书，但如果你把大部分空闲时间都用在看电视剧上，那么你就不是真的认为读书学习像你说的那么重要。自从飞机失事之后，我彻底想明白了一件事：家庭在我的世界中就是最重要、最宝贵的。现在，我要把这种信念体现到行动中。

/ 渐入佳境 /

刚刚康复回家的那段日子真的很美好。朱利安住到了车库上面的小套间，和我们一起生活。我和乔恩之间的关系也一天比一天亲密，本以为早就不复存在的关怀和爱意，在我们之间重燃了。我越来越欣赏乔恩坚强和率真的天性，乔恩也告诉我，他很喜欢我的聪明才智和自我约束力，还有现在这股对生活的热情。我们更加了解对方，更加尊重对方，也更加深爱着对方。这种爱的火焰比以往任何时候都炙热。

然而，与家人重建亲密关系的过程并不是一帆风顺的。的确，因为我坚定不移的信念，家人间的关系在短时间内有了很大的改善。但是，我对家人的忽视毕竟有好几年的时间了，在恢复的过程中难免会出一些状况。

过去几年，我没能做到的事情太多太多，乔恩内心有很深的不满情绪。他不善言辞，因此，这种内心的苦闷常常表现成一种外在的冷漠。

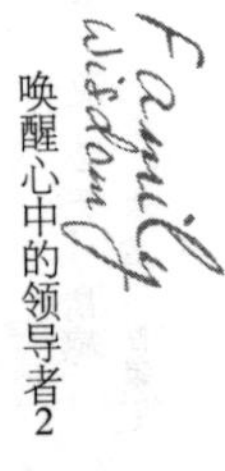

有时我提议外出野餐，或想俩人一起尝试做一道新菜，乔恩总是跟我说他没兴趣。甘地曾说过：“如果我们站在对手的角度看问题，去了解对方的立场，那么这世上大多数的痛苦和误解就会烟消云散。”我和乔恩当然不是对手的关系，但每次对乔恩的忍耐快到极限时，我总能从这句话中找到坚持下去的勇气。我会问自己：“他现在是什么感受，我应该怎么帮他从苦闷中解脱出来?”我尝试着“用他的眼睛看世界”，从他的角度思考问题。我们每个人都是戴着自己那副有色眼镜观察世界的，每种颜色的镜片，都代表着独一无二的经历、态度或偏见。而戴上了乔恩的“眼镜”，就可以帮助我找到解决问题的办法。

经过一段时间的努力，我发现乔恩需要的并不仅仅是两个人能待在一起。他渴望加深彼此的了解，渴望被深爱的感觉，渴望拥有一个可以全心全意投入去爱的伴侣。他渴望有这样一个人，能与他一起分享创业之路上每一个小小胜利的喜悦，而当他遇到挫折时，又可以做他忠实的倾听者。他渴望一个与他一起开怀大笑的伙伴，一个值得他学习的爱人，一个可以做好朋友的妻子。

至于孩子们，不得不说，波特和萨瑞塔有时也不怎么配合我。当然，有我整天陪在身边，他们别提多开心了。他们特别喜欢现在的我，不再那么严肃，总是满脸笑容，对他们的爱也比以往更加深厚。但是，毕竟以前那么久没有陪过孩子，现在也该轮到我付出些代价了。有时，小兄妹俩特别黏人，我走到哪儿他们就跟到哪儿。有时，一些对别的孩子来说根本无所谓的事，会让他们无端闹脾气。我感觉到，他们的这种不安全感，主要是因为不知道这美梦般的现实何时会突然结束，妈妈说不定什么时候就会突然回去工作，一切都会回到老样子。我知道，要想赢回波特和萨瑞塔的信任，我需要多花些时间才行。做几个月的好妈妈，与一生履行对孩子的承诺相比，简直不值一提。

我明白，想成为一名合格的家长，路是要一步一步走的。我尽量不对自己太过苛刻，理性地接受过去的失误。我渐渐懂得，从前犯下的错，是人生进步过程中不可避免的一部分。“每件事情的发生，必然有其原因和意义”，我总是这样提醒自己。人生之路需要脚踏实地地走，我们一路走来，也许会跌倒，但只有跌倒了才能学到经验教训，让我们不断成长。我不愿想太多，只是暗自对自己许下一个承诺：敞开心扉接纳朱利安的教诲，坚持信念，把他的思想用到实践中。我很肯定，早晚有一天，我会得到期待中的结果。梦想中的生活一定会成为现实。

多少个夜晚，我和乔恩倾心畅谈，逐渐建立起了一种强烈的家庭责任感。随着日子一天天过去，乔恩时常表现出来的那种冷漠渐渐融化，取而代之的是与我的共鸣。我也能感受到，他很欣赏我为我们共同的梦想所付出的努力。我俩常常开怀大笑，笑声具有很强的感染力，孩子们也因我俩的开心而更加开心。每一天，我们都会互相拥抱，“我爱你”这句话也总被我们挂在嘴边，就像打翻的牛奶瓶和周六早上的动画片一样司空见惯。而且，我们也开始学会享受彼此的陪伴，哪怕什么都不做，只是一起待着都会无比开心。

自从与朱利安在总部的那次谈话之后，乔恩和我按照朱利安的教诲，制订出一份家庭愿景计划书。我俩都十分认同朱利安的这项提议，因为如果连目标在哪里都看不到，何谈击中目标呢。如果我们真心实意希望生活有积极的改变，让家里荡漾着一种充满爱意和幸福的家庭文化，我们就要看清自己心中想要的结果，并把它写下来。“思路清晰，做起事来就会事半功倍。”一家人在一起时，朱利安总是一遍遍重复这句话。

我们共同描绘了一幅美好的未来画卷，明确了价值观，也重新确定了生活中的大事。心中怀着明确的目标，我们的生活比以前从容了许多。人生不再左右我们，我们已经掌控了人生，可以用我们的方式充实地度过每

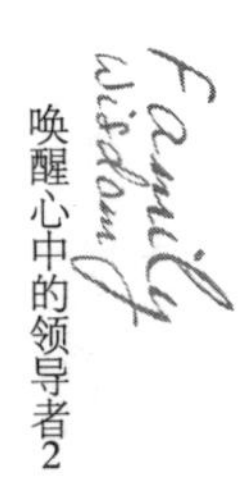

一天。我自己的心态也更加平和，有种一切尽在掌握的踏实感，曾经那种无所适从的感觉，如今竟渐渐淡了下去。我开始找回了久违的快乐。

朱利安则每天在他的小房间里读书、冥想。有时，我会听到从他房间传来敲钉子和锯木头的声音，但我抑制住了自己的好奇心，没有上去探个究竟，因为我知道他需要一个自己的空间。有时，他从楼上下来，浑身都是木屑，嘴里嘟囔着“那些木匠真是岂有此理，不知道他们在搞什么名堂”之类的话，我也没有过问。

朱利安很少提出什么要求，只是要我有空的时候给他带束鲜花回来，并让他的房间充满新鲜空气，还有就是陪伴波特和萨瑞塔。日子一天天过去了，朱利安对孩子们的爱越来越深。记得艾丽还在的时候，他也曾是个好父亲。而现在的他比起从前，更是满腹智慧，心怀慈悲。如果有一天能再要个孩子，他一定会是最好的爸爸。一天清晨，我们谈到了这个话题。

“嗨，朱利安。”我跟哥哥打了个招呼。他走进房间，手中拿着一瓶新鲜的山泉水，是刚刚散步时打来的。

“早啊，凯瑟琳。今天天气真不错，太阳都升起来了，月亮还挂在天上呢，看到没?”

“我没注意。等我把波特送到学校，再把萨瑞塔送到她奶奶家，我再留意观察一下。孩子们的奶奶刚刚度假回来，说今天想跟小孙女做手工。奶奶人极好。”

“是啊，总听你们这么说。我搭你的车出去兜兜风怎么样?”

“当然没问题。萨瑞塔非常喜欢你跟她在车后座玩你那超级搞笑的‘导游’游戏。”

“只要能逗她开心，让我做什么都行。”朱利安答道。

“我知道。”

把孩子们送走后，我开口问了朱利安那些一直藏在我心里的问题。

“朱利安?”

“什么事?”

“你会不会再结婚，有个自己的家?”

“你说什么?”朱利安大声笑了起来。

“没开玩笑，我是认真的。你现在器宇不凡，满腹智慧，和你在一起总是特别开心。而且你现在心态积极，要是想开始一段新感情，机会肯定很多。说不定还能再有个小孩呢。”

朱利安看向窗外，陷入了沉默，我也不敢出声。他眼中溢满了泪水，眼泪夺眶而出，顺着他光滑的脸颊流了下来，落在红色僧袍的皱褶中。

“对不起，朱利安。我不该提这些事，让你回想起了伤心的过去。”我赶快向他道歉。

“不，你让我回想起了美好的过去，”朱利安的语气中带着甜蜜的味道，“跟艾丽共度的那段时光是我人生中最美好的日子。现在有波特和萨瑞塔在身边，又让我找回了当时的快乐。我真的很喜欢孩子。”

“看得出来，你是很喜欢孩子。”

“波特和萨瑞塔很特别，过去这段时间，我已经在他们身上看到了很大的进步。”

“多谢。我要继续努力。”

“我知道你一直在努力。”朱利安答道。

“我也不想抓住一件事不放。可我是你的妹妹，我真的在乎你的幸福。你怎么想?有没有想过再结婚?”

“暂时先不考虑吧，凯瑟琳。不过也许以后有可能。”朱利安脸上浮

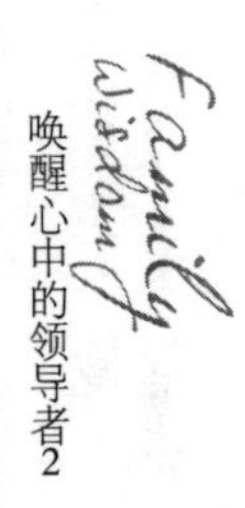

现出一个夸张的笑容，他被自己逗乐了。虽然年近花甲，但无论是从体格还是面容上看，他都正当壮年。

“好吧好吧，这事我就先不催你了。反正我有一帮聪明漂亮的朋友，随时等着认识你这样的好男人呢。”

“知道了，妹妹。最近一段时间，还有一些更重要的事情等着我去做。”

“我们这是要去哪儿?”我问道。朱利安把车窗摇了下来，像个小孩子一样，把手臂伸到风中上下摆动。

“今天想去小茅屋那里看看，好几年没去过了。我觉得，今天可以教给你家庭领导力的第二要诀了。”

“真的吗?”我欣喜地答道。“我总想着你什么时候才能给我讲下一条呢。第二要诀是什么?”

“主要是关于建立信任关系、充分展示天性的。”

“展示天性?”

“是的。凯瑟琳，我们总是太过压抑自己的天性。我们不愿向别人倾诉心中的爱，不愿让别人知道自己心中的感激。这就致使我们不能实现爱的交流，无法创建一种理想的家庭文化。具体来说，家庭领导力的第二要诀是：停止斥责孩子，着手塑造领导者。要做到这一点，首先需要加深家人之间的情感交流。”

“好吧，朱利安，我们现在就去小茅屋。今天再合适不过了，乔恩现在正忙着一个大项目，跟我说晚上可能要加班。我可以给乔恩的妈妈打个电话，让她去接波特放学。孩子们一整天都跟她在一起，她一定会很开心的。”

“太好了。”朱利安很高兴看到我这么好学，可以把事情重新安排好，把全天的时间都用在学习上。

“而且，说实话，我也想给自己放个假了。最近一直在陪孩子，能到乡下去放松一下也好。”

“留点时间给自己，这很重要。很多父母这样做都会有种负罪感，认为给自己留时间是很自私的行为。但是，从繁忙中找出一点儿时间来调整一下，找回自己的最佳状态，其实与自私完全无关。”

“真的吗？”

“当然。只有把自己调整好了，才能更好地面对家人。你高兴了，家人自然也就高兴了。当你找回放松的感觉、平和的心态时，也就找回了自己的最佳状态，整个家庭也会因此而更加和谐幸福。”

“说得真好。我要记下这一点。”

“那我们直接开车去乡下吧。我想与你分享一些心得，这些会让你的生活变得更加美好。最近这些日子，你做得很好。你的努力，我也全看在眼里。看来我们上次在办公室聊的确实有些效果。”

“那天我们聊过之后，我想明白了很多事情。承担起家庭领导者的责任，塑造和谐的家庭文化，这个思路真的是太正确了。”

“我很高兴能帮上忙。”朱利安温和地答道。

/ 人性瞬间 /

朱利安所说的“小茅屋”，是我们的爷爷当年建造的。小茅屋坐落在一片最美的乡间树林之中，屋旁是一个美丽的湖，记得我和哥哥小时候总在湖里游泳划船。周围鲜花遍地，百鸟鸣唱。今天我们故地重游，心情无比兴奋。

车走在通往小屋的乡间小路上，周围的一草一木又把我带回童年的美好回忆中。还记得有一年暑假刚到，妈妈给我们买了一艘小帆船，哥

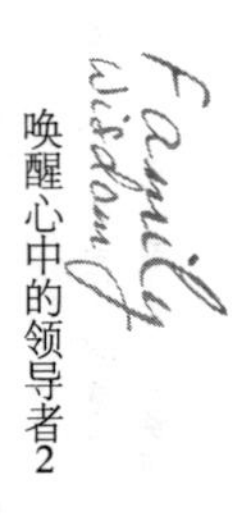

哥就是在这里手把手地教我划船。那个学期，我跟哥哥的成绩在班里都是名列前茅，妈妈说，一定要奖励我们一件特别的礼物，于是我们得到了小帆船。我们开心极了，整个夏天，每天都划着小船在湖里游来游去，一起欢笑，一起做梦，幻想着长大以后的生活。我清楚地记得，那个时候朱利安就已经坚定了自己的理想，“等我长大了，要做一名诉讼律师”，他总是这么说。

记得有一次，我们在星空之下讲鬼故事，越讲越害怕，后来想回家却不敢踏上回家的小路。我们大声喊爸爸，爸爸只好无奈地举着手电筒出来，把我们抱了回去。想到这里，我笑了。这片土地满是温馨的记忆，全家人在这里度过了太多美好的时光，仿佛空气中都饱含着幸福与爱的气息，让我在呼吸间又嗅到了儿时的快乐。

“我一直都特别喜欢这里春天的花草香气。”朱利安慵懒地说。

“我也是。从来没在城里见过这么大朵的野花。”我答道。

我们走在通往茅屋的小路上，朱利安伸过胳膊环住我的肩头，默默地向前走着。

“你知道为什么我们都特别喜欢这里吗?”过了一会儿，他开口问道。

“为什么?”

“因为这里有回忆。”

“回忆?”

“是的。当然，这里风景如画，值得回忆。但这么多年过去了，小茅屋依然在我们心中，就是因为我们在这里共同度过的那些美好的人性瞬间。”

“‘人性瞬间’?”朱利安的又一个新名词引起了我的好奇。

“是的，就是人性瞬间。《哈佛商业评论》杂志几年前曾发表过一篇关于这个话题的文章，作者认为，人们之所以在工作中找不到快乐、创意和灵感，就是因为现代工作环境太过繁忙，根本不可能有这种人性瞬间。”

“那你说的这种人性瞬间，具体是什么?”

“是指人与人相聚时，用一种深入、坦诚的方式相互沟通，这种时刻就叫做人性瞬间。以前的商业社会不像现在这样匆忙混乱，那时，我们还能有空在茶水间话家常，说说周末的安排，聊聊孩子的进步。我们还有机会去了解周围的同事，同事们也有机会融入我们的生活。而现在，人们一到办公室，就有做不完的事情要做。在这个新型商业社会中，我们根本没有时间停下脚步喘口气，去享受同事间的沟通和温暖。虽然每天大多数时间都和同事们度过，但我们其实根本就不认识他们。”

“事实有时就是这么讽刺，”我补充道，“我们一旦有意识地去花时间培养你说的这种同事间的联络，团队整体的创造性、生产力和效率就会大大提高。”

“这篇文章的作者也是这么说的。但我认为，他真正想传达的主旨是：商界领导者可以通过鼓励日常工作中的人性瞬间，来丰富团队成员的精神世界。”

“我觉得，我知道你想说明什么问题了。”我的直觉开始主导自己的思想。

“把同样的理念用到你的家庭生活之中。”朱利安说道。

“这个想法很有意思。”

“想在家中真正展示出领导力，”朱利安继续道。“就开始激发家人之间的人性瞬间吧。不要再轻易批评指责孩子，用你无条件的爱把他们塑造成为未来的领导者。所有那些卓有成效的领导者，都十分关注组织

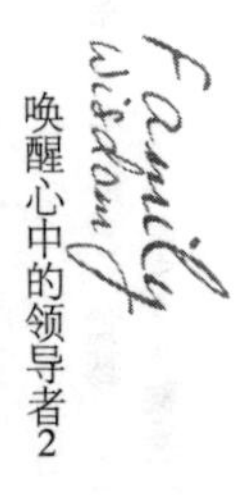

内部人与人之间的关系。你也不应例外。”

“同意。”我一边反思一边答道，深知自己身上还有许多不足需要改进。每当孩子们在房间里尖叫嬉戏，电话铃响个不停，手头有太多事等着完成时，我总是会忍不住自己火爆的脾气，总要时不时发泄一下。

“你是商界的一颗明星，凯瑟琳，”朱利安继续道。听到这话，我心里终于好受了一点。“谈到创立世界级企业的艺术，你可是专家，我没资格从旁指点什么，你在这方面的成绩是有目共睹的。”

“多谢你这么说，朱利安。”

“作为一位资深的商界领袖，你应该很清楚，决定商海沉浮的关键因素是人才。一群富有创造力、精力充沛的优秀人才，如果对自己从事的工作充满热情，就可以让整个事业取得成功。”

“完全正确。”不知不觉，我俩已经走进了大客厅。

“你也一定会同意这个说法：给人们动力最好的方式，就是让他们知道你真的很重视他们。”

“我同意。”

“因此，在商界取得成功的核心就是抓住人心。真正的领导力，关键在于恰到好处的赞扬，而不是滥加批评的权力。当你与他人的关系越深入，你对他人的领导也就越有效。如果人们对你都没有信任可言，又怎么能追随你呢？告诉你一个深刻的道理，”朱利安的语气变得激昂起来，“你要先触动别人的心灵，别人才有可能伸手拉你一把。”

“‘你要先触动别人的心灵，别人才有可能伸手拉你一把’？这句话说得真好，朱利安。”

“知道为什么你会喜欢这句话吗？”

“不知道。为什么？”

“因为这是句大实话。所有曾经生活在这个地球上的人类，不管处在哪个进化阶段，都有能力认识到人性中最真实的一面。而我刚才说的那句话，就是真实的。”

“这让我想起了最近读到的一句话，是歌德说的。‘对待他人就像对待他们本来应该成为的那种人，然后帮助他们成为他们能够成为的那种人。’”

“这就是人性瞬间的真正含义。人性瞬间，其实就是那些向他人展现天性的平凡机会。这些机会就像一扇扇通向爱与慈悲的窗户，每天都会开启，却因我们整日忙碌而根本看不到。”

“抓住这些机会，创造人性瞬间，就可以加深人与人之间的关系？”

“是的，而且不仅如此。这些人性瞬间会给我们留下难以忘怀的记忆，尘埃落定之后，这些记忆就是我们最宝贵的财富。其实，精彩的人生无非就是一段段交织在一起的美好回忆。”

“说得真好。”

“这是真的。我们常常会陷入一种思维定势中，认为只有成就英雄般的伟业，才能证实我们的存在，为我们带来成功。我们糊涂地认为，只有拥有了昂贵的玩物，充足的物质财富，才能在内心找到充实感。但那并不是真正的幸福。真实而持续的幸福感，来自随着岁月越积越多的美好回忆和快乐瞬间。从今以后，请多多留意，把家人之间共同的美好回忆记录下来。记住，取得成功最好的办法，就是永远心存宽容。把商界维护社会关系和人性瞬间的思考引入家庭，把商业社会久经考验的领导力哲学带到你温馨的小巢中来。”

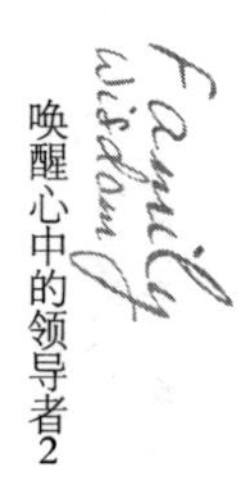

/ 停止指责，学会鼓励 /

“具体应该怎么做呢?”

“你可以这样想，你与乔恩和孩子们的关系越亲密，你在家里的领导也就越有效。不要总是批评指责波特和萨瑞塔我们都知道两个孩子将来一定会前途无量。那么，就请为了孩子的将来，开始塑造他们美好的灵魂吧。”

“不再指责孩子，而是要开始夸奖孩子?”我问道。

“是啊!”朱利安激动地答道，好像在玩蹦床一样原地跳了起来。“表扬孩子做到的每一件好事，因为鼓励一种行为，就是鼓励这种行为重复出现。当孩子们帮忙洗碗或是准备晚餐的时候，给他们认可和赞扬；孩子们学会了一种新技能或尝试了一种新游戏，就给他们真诚的鼓励。真诚的鼓励是激励人心最有效的方式之一，而我们却很少用到。”

“我想你是对的，朱利安。我们总是束缚自己的天性。”

“还有，孩子们要是不小心碰洒了牛奶，或是摔碎了新碟子，不要急着发脾气。孩子毕竟是孩子，每个小孩都免不了犯些小错，犯错误也是他们学习的方式之一。记得以前做律师的时候，我有个朋友是个投资银行家，他告诉我，他身上的那种自信是从童年时代培养起来的，而且有一个秘密。”

“什么秘密?”

“每当他不小心犯了错，不管是碰翻了杯子还是摔碎了盘子，他父亲从不会冲他发火，而是会问他：‘杰瑞，你能从中学到什么?’不要认为这个问题很简单，就是这句看似不起眼的话，造就了这个我有生以来见过的最坚强的人。记住，犯过两次的错误真的是个错误，但头一次犯错并不可怕，那是一次学习，是成长过程中必不可少的经历。”

“真的吗?”

“当然。从失败和错误中吸取教训，是我们获得成长的主要途径。难道你不同意吗?”

“我同意。从这个角度看，我最大的缺陷也给自己带来了最快的成长。”

“没错，失败是通往成功的捷径，是教给你如何在人生这场竞赛中获胜的一门学问。优秀的父母会有针对性地对孩子的一些失败予以奖励。当波特和萨瑞塔勇敢地站出来，试着做了件以前没做过的事，但是失败了，你就要对他们的尝试予以奖励。这样，他们就会找回自信，重拾学习新事物的勇气，继续拓展自己的能力。如果他们不小心犯了错，就帮助他们想明白是哪里出了问题，然后忘掉过去向前看。千万不要在孩子面前给他们负面评价，过分挑剔孩子。指责孩子，只能使他们的心灵渐渐失去滋养，熄灭那盏让他们焕发出异彩的明灯。每当我听到孩子父母在超市里因为孩子无心的小过错而大吵大嚷时，就觉得这是一种罪孽。这样的父母真的需要注意一下自己的言行举止，错不在孩子身上。”

“我的天哪，朱利安，你看问题的眼光真是太敏锐了。你肯定花了不少时间思考这些问题吧。”

“我确实是用了很多年才想明白的。”朱利安小声说道。他用手轻轻抚平长袍，陷入了沉思。

“还有，认真思考一下我曾经提过的那条十分重要的领导力原则——人们只有信任你，才会追随你。你一定要清楚，作为家长的第一要

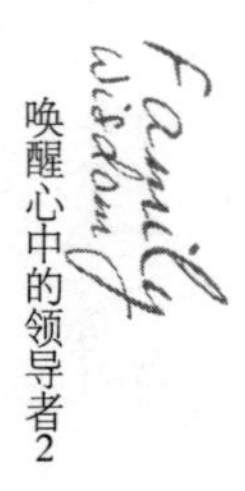

务，就是构建与孩子间的信任关系。”

“还需要构建信任关系？”我有些好奇。

“是的，凯瑟琳。信任是家庭文化的基础。就像我说过的，在别人伸手拉你一把之前，你要先触动他的心灵。而若想触动他人的心灵，就要让他信任你。”

“所以，如果我想让波特和萨瑞塔能自觉帮忙做些家务，比如玩儿完玩具就主动收好，我就得用自己的方式触动他们的心灵？”

“是的，我就是这个意思。”

/ 言出必行，赢得信任 /

“那么，我在家里都需要做哪些事情，才能构建起你说的这种信任关系呢？”

“能做的事情有很多很多。第一件要做的，就是要说话算数，言出必行。这也是最重要的一件。”

“听没听过那个快退休的老木匠的故事？”朱利安继续道。

“好像没有。”

> 从前，有个快要退休的老木匠，他盖了一辈子房子，手艺非常精湛，盖出的房子又漂亮又结实。在他刚刚进入木匠这一行时，他的老板要求他许下一个很特别的承诺。
>
> 木匠要向老板承诺，他每盖一座房子，都要把这座房子当成自己最重要的事情来做，都要全力以赴、用尽心思、倾注爱心。现在，他马上就要退休了，他走进老板的办公室，告诉老板，刚刚盖好的这座房子就是他最后一个作品了。老板说他很舍不得木匠离开，问愿不愿

意看在多年的情分上再帮他最后一个忙。“再帮我盖最后一座房子，”老板说，“然后我就批准你退休。”木匠很尊重老板，接受了老板的请求，立刻开始建造这座新房子。但是，他一改多年以来的专注精神，盖这座房子时只是应付了事，想早些弄完，好去享受悠闲的退休生活。他偷工减料，用次品代替好木材，一心就想着快点儿盖完这最后一座房子。

短短几周时间，房子就盖完了。木匠向老板汇报了工作情况。“谢谢你帮了我这个忙。”老板礼貌地对木匠说。然后，老板把新房大门的钥匙交到木匠的手中，说：“钥匙给你。你刚刚盖起的这座房子，就是我送给你的退休礼物，感谢你这么多年来的勤劳和奉献。”木匠呆住了。他不敢相信这座劣质房就是盖给他自己的。如果他早点儿知道的话，一定会倾尽自己所能去专心建造的。

“这个故事真是发人深省。”

“所以，你看，木匠没能信守对老板和对他自己许下的承诺，没能一丝不苟地坚持完成所有的工作，结果只能住在自己这辈子盖的唯一一座破房子里。我们的人生也是一样的，不坚守承诺的结果，就是活在一个并不理想的环境中，而这个不理想的环境，正是我们自己一手造成的。”

“因此，家庭领导者需要信守自己许下的承诺，言出必行。”我总结道。

“正是，除非你想在一座‘破房子’里走完余生。而且，不仅要信守对家人许下的承诺，还要信守对自己许下的承诺。前者能建立起家庭成员间的相互信任，丰富家庭文化，而后者可以增加自信，丰富你的个性。”

“千真万确。你知道吗，我现在一直坚持锻炼身体呢。”

“我注意到了。你的气色真不错。”

“谢谢。你知道吗，每次我没能按计划锻炼时，都会很内疚。就好像我做了什么错事，让自己很失望一样。”

“是这样的。坚守对自己许下的承诺，无论是坚持锻炼，还是定期抽出时间回归大自然，都说明你对自己是真实而坦白的。每次你暗下决心要照顾好自己，都能按计划做到该做的事，就等于兑现了自己的诺言。而当你一次又一次违背这些对自己的承诺，就会对自己慢慢失去信心。你的自信也会随之削弱。违背越多的承诺，丧失的信心也就越多。最终，你作为一个人的最基本的自信也会消失殆尽。没有了自信，你就什么都没有了。”朱利安投入地说着，阳光洒在他身上，在那美丽长袍的金色刺绣上跳着舞。

“你说得很有道理，朱利安。以前从来没有人教过我这些东西。小学没有，中学没有，就连商学院也没有。请继续吧。”

“信任是人与人关系的基础，你要做一个言出必行的人。说出口的话有很大的影响力，如果你无法保证自己能做到，就不要说。一旦许下承诺，就一定要实现。要对自己说的话有所把握，这样，你的人生就会有一个很大的改变。我保证。”

“对自己说的话有所把握，这不容易做到啊。我许下了太多的承诺，保证每个都能做到，这也太难了吧。”

“那就别再轻易许下承诺。少说话，多做事。对承诺要有所选择。要想在家中成为一名出色的领导者，首先自己要成为正直的楷模。你要成为那个每次都能做出正确选择的人，成为那个心中永存正义感的人。这样，你就能获得他人的尊重。更重要的是，履行承诺的人，就有了信誉，家人就会自然而然仰仗着他，坚信他说出的每一句话……”

“因为家里人知道，他说出来的一定能做到。”我激动地插话。

“是的，因为他们知道，他说出来的一定能做到。只要真的做到了，你就自由了。”

“以前从来没觉得赢得家人的信任如此重要。我总以为，作为一个妻子、一个母亲，还有其他更重要的事情等着我做。”

“信任感才是最关键的，凯瑟琳。信任，在每段深厚的感情中都占据核心位置。因此，我给你的建议就是，除非你确信自己一定能做到，否则不要轻易对别人许下承诺、发出誓言。如果你不能保证周末有时间带波特和萨瑞塔去马戏团看演出，就别说这样的话。父母的承诺，就是小孩子全部的期盼。你要知道，打破这些承诺，就等于伤了孩子的心。同样，如果你不能保证自己可以帮乔恩写出那份他一直请求你帮忙写的商业计划书，那么就不要答应他的请求。这样坚持下去，短期内就可以看到生活中的巨大改进。家庭成员们会比以往更愿意倾听你说的话，也会更加尊重你。他们会因为你的言出必行而更加深爱你，更加信任你。这样，爱就会弥漫在整个家庭之中。”

“好神奇的说法，而道理竟然如此朴素。”

“我觉得，用‘朴素而深奥’来形容这一智慧更为贴切。这就是圣贤与我分享的智慧之一。”朱利安回味着自己的描述。

“好吧，朱利安。我会认真信守自己许下的承诺，把握好自己说出去的每一句话。一旦说了要做到什么事，就要坚定信心去完成。我要做一个信守诺言的人，一个言出必行的人，不再像以前那样逃避生活中的

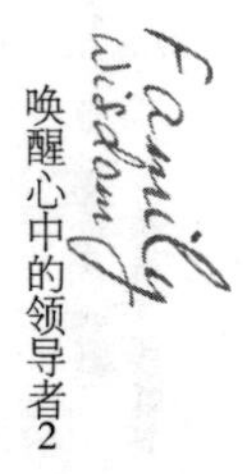

麻烦和困难，而要集中精力去做正确的事情。除了这些之外，我还需要做些什么来加深家人之间的感情呢？”

/ 专注倾听，加深信任 /

“你说什么？”

“我说，除了这些之外，我还需要做些什么来加深家人间的感情？”我重复道。

“什么？”

我有点儿怀疑朱利安的听力出了问题，虽然他身体很健康，但会不会也遇到了人到晚年都会有的毛病。“我是说，”我用近乎吼叫的音量大声说道，“我还需要做些什么，才能加深家人之间的感情呢？”

“麻烦你再说一遍，妹妹。”

“不要开玩笑了，朱利安。我说了三遍了，你为什么听不到？再这样下去我要疯了。”

“啊，多谢，就等你这样的反应呢。”朱利安欣慰地笑道，嘴角咧到了耳根。“你已经帮我把话题顺利引入了构建亲密家庭关系的另一个要点。”

“我帮你什么了？”

“你帮了我个大忙。为了真正加深家人之间的感情，触动家人的心灵，改善家庭生活的整体氛围，你需要成为一个‘激进的倾听者’。”

“可是，我以为要采取一种更温和、更慈爱的方式，难道你一直以来对我的指导不都是这样的吗？为什么现在又提到要拿出激进的态度呢？我受够了，不想再做一个激进的人了，不想再整天拉长着脸不停地催促别人做这做那。”

“我不是说想让你回归以前的那种行为方式，凯瑟琳。那是从前的你，已经是过去式了。不要再用过去的思路审视自己。你要开始活在对未来的期盼之中，不要再纠缠于过去那些不美好的回忆。”

“嗯，我喜欢你这么说。”

朱利安继续他的教诲：“激进地倾听，不是说要你成为更激进的人，而是要你成为更专注的倾听者。在这个纷乱的世界中，有太多人都以为‘倾听’不过是等着对面的那个人把话说完，然后轮到自己开口。在如今的繁忙中，倾听的艺术早就被人们遗忘了，然而，倾听正是建立家庭信任感的有效方式。通过专注的倾听，你的家庭文化会更加丰富多彩。知道吗，埋藏在心灵最深处的人性渴望……”

“什么是‘人性渴望’?”

“所有人都有一系列的人性需求，圣贤把这种需求称做‘人性渴望’，他们花了很多时间来研究学习。每个人都拥有这些渴望，比如，把我们的才能运用到实践之中的渴望、对爱和情感的渴望、不断成长和学习的渴望、为别人付出的渴望，还有一种人性渴望，就是渴望被人珍视和理解。每个人内心深处都有一种渴望得到倾听的需求，希望说出去的话能有人听进去。当你激进地倾听时，你会站在对方的角度，满怀关爱，把所有的注意力都集中在他对你说出的一字一句上。而这样做，就会给对你说话的那个人传递一个很强的信号，让他感觉到，你对他的话很尊重、很重视、也很感兴趣，你们之间的信任度就会因此加深一层。”

“我觉得，这一点和你之前说过的一句话不谋而合：在别人伸手拉你一把之前，你要先触动他的心灵。激进地倾听，应该是实现与人心心相通的好办法。”

“是这样的。专注的倾听可以让对方感到你能理解他，并且尊重他，是人类最宝贵的能力之一，可我们却很少有意识地去挖掘和培养这种可贵的天性。如果爱是一座房子，那么相互理解就是搭建房子的一砖一瓦。拿波特举个例子吧，虽然他现在只有六岁，但我发现他特别喜欢你专心地关注他。每当他跟你讲起学校里发生的事情，比如他跟小朋友在操场上做什么游戏时，你要做到用心去听他说话，而不是身体在那儿，精神却飘到了别的地方。就算你当时累坏了，或是工作上遇到了什么大麻烦，你也要全心关注他说的每一句话。我知道，做到这一点并不容易，但只要你有意识地去练习关注对方，同时排除一切外界干扰，你就会做得越来越好。倾听，是一种需要后天努力才能获得的技巧，而不是与生俱来的。练习得越充分，这方面的能力就越强。”

“你说得对。每当我问到波特感兴趣的问题，然后用真诚和慈爱的态度去听他说话时，他的眼中总会放射出快乐的光芒。我知道，这样做可以让他感到自己很重要。”

“而且能得到别人的理解。”朱利安补充道。

“而且能得到别人的理解。”我重复道。“那下一条是什么？”

/ 诚实说话，正直做人 /

“最后一点，我说快一点儿吧，今天早上讲了这么多，够你思考好一阵子了。”

“我越来越离不开这些知识了，你尽管讲。”

“好的。家庭领导者第二要诀的最后一点就是，要做到百分之百的诚实。”

“这是什么意思？”

“意思是说，不管说出实情让你多么难受，不管说出真实的想法多么困难，你都要保证诚实，说出你想说的话。”

“说实话？”我想起了朱利安以前讲过的话。

“正是这样。但我也要说明一点，百分之百的诚实，并不意味着说话不经过大脑，甚至冒犯或侮辱到对方，我并不是这个意思。百分之百的诚实，与我之前讲过的一点不谋而合，那就是，说话要谨慎。不要不把自己说出去的话当回事，话语的影响力很大，你要确定说出去的每句话都与自己的内心合拍。举个例子，当你对乔恩的某些做法抱有很强烈的想法时，就直接说出来，不用拿一些恭维的客套话开头，所有对话都直奔主题。”

“那么，做到百分之百的诚实有什么效果呢？”

“你会获得奇迹般的效果，”朱利安答道，“就像信守诺言那样，别人会对你更加信任，因为他们知道，你说出来的话是可信的。当你在所有情况下都能做到诚实，就可以从他人的眼中看到尊重，你的力量和勇气也会随之增长。人们能确切地了解你的立场，你在别人心目中的形象也不再有任何虚伪的成分。你性格中浮现的种种浅薄和造作都将消失，真善美的人性本质也将展露无遗，这样的人生就是无比强大的人生。你不再仅仅是个独立的人而已，自然的力量会贯穿你的一切，让你随时随地散发出耀眼的光辉。相信我，人们能感受到你身上这股独特的力量。”

“圣贤们有这样的力量吗？”

“他们这股力量非常强大，”朱利安望向远处的天空，“那些慈爱的老师身上所有的特质中，这一点是给我印象最深刻的。他们中的每一位都把自己完全奉献给了真理，不仅言语诚实，而且思想中也不掺杂一丝虚伪。这让我想起了伟大的赛内加的话：我会管理好自己的行为和思想，仿佛全世界都要关注其中一个，然后去审视另外一个。”

“这句话让我激动得直发抖。”我感叹道。

“多么强大的一句话啊，”朱利安应道，“圣贤们就是严格依照这样

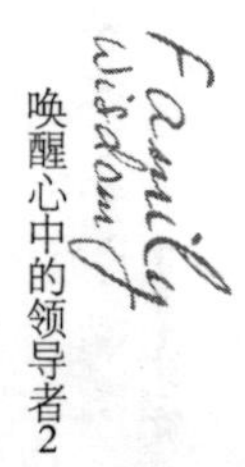

的哲学去生活的，他们把人生全部奉献在追求真理上，所以才对我产生了如此刻骨铭心的感染力。我可以肯定，做到百分之百的诚实，会给你的家庭带来巨大的改变。”

“在工作上也一定能收到同样的效果。”

“是的。现在这个时代，人与人之间充满了谎言，总觉得欺骗才能占得先机。当你做到了真正的诚实，你就会像一座代表正直的灯塔一样，远远超越芸芸众生，为他们照亮光明的前方。请相信我，与如今流行的种种商业技巧相比，你的正直和真诚会是一种强大得多的竞争力。”

“我想，在人生的各个方面我们都要展示出领导力。圣雄甘地曾经说：‘如果一个人深陷某个错误而无法自拔，那么他别的事情也做不好。人生就是一个不可分割的整体。’这些日子听你讲给我这些道理，我渐渐明白，成功的事业中必不可少的那些领导力原则，在家庭中同样适用，反之亦然。几个月来我一直在思考这个问题，现在终于明白了，你说得太对了，领导力并不是 CEO 的专属。努力建立相互信任的关系，为他人的成长而付出，用这样的方式执行领导力，必然会为各种各样的人际关系带来翻天覆地的变化，在公司或在家里都一样。”

朱利安缓步走到宽阔的露台上，从那里可以俯瞰波光粼粼的湖水。阳光在湖面上闪烁着，让人有些目眩。朱利安从长袍唯一的口袋中拿出了一副墨镜戴上，他的样子着实有些滑稽。“墨镜很酷嘛，哥哥。”我取笑道。

“光线太强烈，眼睛有些受不了。”朱利安答道。“说起眼睛，我想与你分享一首诗。”他从口袋中拿出一张象牙色的老旧而精致的卡片。在说卡片上的文字之前，他说：

“你就是孩子们岁月的作者。”

朱利安的话让我不由得浑身一震。虽然并不能完全明白其中的深意，却感受到了这句话的特殊含义和其中丰富的智慧。我沉默了。

“你种种行为和习惯的影响力，会波及波特和萨瑞塔的一生。你作为一名家长的行为举止，决定了孩子未来的人生走向。所有的眼睛都在看着你呢，凯瑟琳。”他关切地说道，并递给我这张像珍宝一样藏在他口袋中的卡片。上面写着：

小小眼睛观察着，
你的每一个举动。
小小耳朵捕捉着，
你说出的每句话。
小小手儿准备着，
做你做过的事情。
小小孩子梦想着，
长大以后变成你。

你就是小家伙的偶像，
你就是智者中的智者。
他对你没有半点疑虑，
他给了你所有的信任，
一言一行全部是真理。
等到他将来长成大人，
也会同样地说话做事。

小家伙张大双眼，
相信你永远正确。
眼睛一直望着你，

每日每夜观察你。

你做出的所有事，

都有榜样的力量。

因为孩子等待着，

有朝一日变成你。

读完这首诗，我的眼泪夺眶而出，我被诗歌中饱含的情感深深地打动了。记得朱利安曾说过，语言具有巨大的力量，并要求我对说出的话保持谨慎，现在想想，他说的太对了。那一刻，我突然感到，在家中担任起领导者的角色，成为一个出色的家长，是无比崇高的使命。也许，拿出勇气去做一位伟大的母亲、撑起家庭的一片晴天，也是带有英雄色彩的吧。

一天的奔波劳碌之后，晚上回到家还能打起精神陪孩子读书，从某种角度讲，这样的父母都称得上是英雄。尤其是那些单身父母，无论自己有多难，都能把逆境转变成机遇，让家中充满学习气氛，培养孩子的领导力和爱心，他们更算得上是英雄。把人性中最美好、最高尚的一面奉献给孩子，就算再难再苦也不放弃，这样的人，值得我们尊敬。

记得年轻时朱利安曾对我说，在生活中我们会面对一个最本质的抉择：要么面对黑暗怨天尤人，要么就去做那个点燃蜡烛的人。最近，我读到柏拉图的一句话，深有感悟。“孩子怕黑，情有可原，但成人害怕光明却是人生真正的悲剧。”我意识到，在家中展示出领导力，就仿佛把自己变成了一支点燃的蜡烛，觉得自己因此而高尚、伟岸，像个英雄一般。我第一次有这种感觉，那一刻，站在充满美好回忆的露台上，沐浴着灿烂的阳光，我恍然大悟。把两个可爱的孩子抚养长大，让他们将来成为正直、坚强、充满爱心的人，是我所能经营的最美好的事业。明白了这一点，心情也瞬间豁然开朗起来。

正要感谢朱利安给我上的这一课，回过头却找不到他，房子里只剩下我一人。我找遍了起居室和厨房，都不见朱利安的踪影。走出房门，来到宽阔的草坪上，春天清晨的露水还没干，草地上湿湿的。我四处张望，还是找不到哥哥，真开始有些担心了。我向湖面望去，一下子被眼前的一幕惊呆了。朱利安正在湖中游泳，离湖心处的浮标已经不远了。他兴奋的样子就像小时候的暑假，全家驱车来到湖畔第一次下水游泳时的模样。我看着朱利安，看着他脸上幸福的笑容，仔细听，还听到他正唱着歌。好熟悉的调子，我记起来了，就是小时候妈妈哄我们睡觉时常哼的那首歌。

- 发现人性瞬间，触动他人心灵。
- 鼓励孩子，即使他失败了。
- 言出必行，赢得信任。
- 专注倾听，加深信任。
- 诚实说话，正直做人。

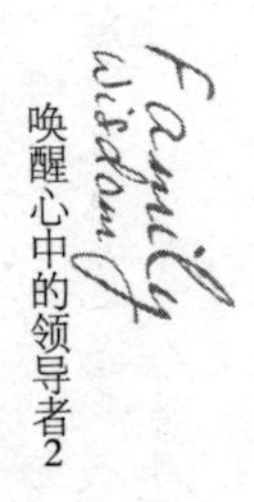

Family wisdom

第08章

要诀3 天赋

引导孩子发现强项

在那灿烂的阳光深处，有我最崇高的理想。也许我永远无法达到那个高度，但我可以抬头仰望她的美好，相信她的存在，跟随她的脚步。

路易莎·梅·奥尔科特

我们面临的最大险境，不是目标太高无法实现，而是目标太低触手可及。

米开朗基罗

雨点不停地敲击着车顶。一个烟雨蒙蒙的午后，我驱车来到国家艺术历史博物馆，朱利安约我在这个地方见面。距上次小茅屋故地重游，到现在已经整整两周时间了。上次学到的知识让我在为人处世方面，以及在做好“妈妈”这个角色上，都有了重大突破。我渐渐拥有了新的人生态度，对未来有了更清晰的展望，对自己也有了更深刻的洞察。随着这些变化，长期以来决定我思维模式的那些旧习惯都开始焕发新面貌。在家里，我变得比以往更加积极乐观，每一天都充满幸福喜悦的心情。

随着我在家中的领导力不断提升，以及与乔恩重燃爱意，我们的生活开始进入一种理想境界，有了全新的面貌。我想，也许随着家人之间沟通的深入，我们内心潜藏的人性光辉就自然而然显露了出来。我们的家充满了尊重和信任，每个人都感受到了身心的自由，可以尽情地表达我们独特的情感和才华。

最近读到一份内布拉斯加大学的研究报告，主题是世界上最幸福的家庭为何会如此幸福。研究显示了这些家庭的一些共同特征。首先，拥有幸福家庭的人都会把家庭生活放在首位。用朱利安的话说，就是他们认识到“人生的领导力起源于家庭领导力”；其次，家庭成员之间善于向对方表达爱和关怀。朱利安对我的忠告——“人性瞬间”，也点明了这个主题；再次，研究者发现，最幸福的家庭都对积极沟通的重要性有很明确的认识。正如朱利安告诫我的一样，倾听家人的话十分重要；最后，经常在一起共度时光也是这些幸福家庭的一个特质。就像朱利安说过的那样，创造丰富多彩的家庭生活，仅仅提高生活的质量是不够的，还要有充足的时间来陪伴家人。

研究还发现，婚姻幸福在家庭的整体幸福感中占很重要的位置。当父母的关系建立在爱和相互尊重的基础上，整个家庭中爱的氛围就会更饱满，每个家庭成员对其他成员的需求也会更加尊重。

然而，这样的文字读到的越多，我就越发觉得，当代家庭的结构和内涵已经产生了深刻的变化。我发现，单身爸爸也能成为杰出的家长，抚育出优秀的孩子；忙碌的单身妈妈身兼多职，白天忙工作，晚上回家，即使累得腰酸腿疼，也能为孩子创造出温馨的家庭氛围。我看到越来越多的祖父母，因为各种原因，担负起抚养小孩的主要责任，而且做得还很出色。最近跟商学院一个老同学联系了一下，得知她刚刚离婚，一个人带着三个孩子。她告诉我，虽然每天忙个不停，事业和生活要两者兼顾，但她的生活从来没像现在这样充实过。

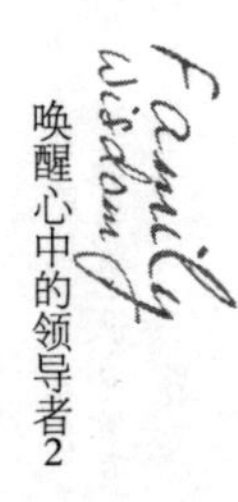

传统的“男主外、女主内”的模式如今早已不再是固定模式，我总能遇到年轻的父亲抱着孩子在午后去超市购物。我还看到很多像我一样的事业型女性，决定把办公室搬回家中，也看到很多工作繁忙的父亲决定把事业先放一放，用几年时间专注地抚养孩子。我看到让周围邻居艳羡的重组家庭，也看到几世同堂的大家庭，全家人围坐在一起共进晚餐，孩子、父母、祖父母间充满了欢笑和关怀。我们这个时代的巨大变革，不仅仅有高科技公司和新型商业文化催生的新型经济，还要看到新型家庭的诞生。在新型家庭中，角色换位，成员组成也与传统家庭有所不同。我发现，这种变化给人类文化的发展带来了巨大影响。

/ 朱利安的恶作剧 /

乘上从车库到博物馆的电梯，我的思绪回到了我的父母身上。我的父亲才华横溢、雄心勃勃，在法律界取得了巨大的成功，他博大的胸怀也让我一直对他充满崇敬之情。我的母亲是一位优秀的作家，她对艺术的热爱就像对自己的孩子一样感情深厚。从小到大，我一直觉得妈妈偏爱朱利安，直到她生命的最后几年，我才明白根本不是我想的那样，妈妈对我们两个人的爱同样的无私。虽然朱利安很少提起她，但我知道，哥哥也像我一样怀念妈妈。记得曾有人对我说过，“养育孩子，就是培育自己的子孙后代。”现在我明白了，我很幸运，我的父母都拥有卓越的家庭领导力。我想，正是他们给了下一代一个完美的起点。

推开大门，我走进博物馆的大堂。我很喜欢这里收藏的毕加索作品和惟妙惟肖的雕塑艺术。最近一段时间，我尽量在周末抽出空闲，带波特和萨瑞塔来这里。乔恩在健身房完成例行锻炼之后，也会来这里与我们会合。锻炼身体是乔恩最近新培养的习惯，也是我们丰富家庭生活、成为孩子们行为模范这个计划中的一部分。我觉得，培养孩子们对艺术的鉴赏能力很重要，为孩子们介绍伟大的艺术创作，也在我力所能及的范围之内。长期来看，这样做一定会收到积极的效果。

朱利安约我与他在米开朗基罗展厅碰面。我知道，哥哥一直在研读这位伟大艺术家的一生，而且很崇尚这位大师在作品中展现出来的追求卓越的精神。我进入展厅，四处寻找一个高大英俊、身穿红色长袍的身影，却只看到一个导游带着的小型观光团。我决定先在长凳上休息一下，一边欣赏旁边的艺术品，一边等候哥哥。简化人生这个大工程的其中一部分，就是要改掉我每分每秒都要不停做事的坏习惯。最近，我开始慢慢适应了偶尔停下脚步，留下时间给自己，什么都不做，只是去感受生活中最美丽的时刻。去看看一场大雨过后蛛网上闪闪发光的露水，去体会静谧晴朗的夜空中跳舞的星星。有时，乔恩会鼓励我到离家不远的一处二手书店转转，或者到房子后面的公园散散步。

不知不觉，我开始喜欢上了生命中安静的时刻，就像我对充满欢笑的家庭时光一样热爱。爱默生曾说：“没有一颗富有的心灵，空有物质财富的人不过是个丑陋的乞丐。”回首往事，过去的这些年，我以追逐和积累金钱为目标，内心却从未感到富足。而最近开始的一系列内在修炼，使我渐渐感受到一颗富有的心灵带给我的喜悦与充实。

我一边观赏着展厅里的大理石雕塑，一边侧耳听着那个导游的讲解。他渊博的知识和对这些艺术品的热情打动了我。他的穿着也吸引了我的注意——虽然他身着标准的导游制服，白衬衫、黑领带、配套的裤子，但是他头戴一顶超大号的棒球帽，宽大的白色帽檐让我无法看清他的脸。我记得去佛罗里达度春假的大学生们也常戴这种帽子，是在海滩喝啤酒、做游戏时防晒用的。导游的衣着这么怪异，可其他人似乎一点儿也不在意。可能这些观光客觉得导游就应该这样吧，没准儿等游览结束后他们也要去买一顶一模一样的帽子呢。

导游继续讲解，游客继续认真聆听，没有人提问。突然，导游做了件十分好笑的事。他从裤兜里掏出了一个巨大的热狗，一边津津有味地大嚼，一边竟然继续讲解着米开朗基罗的作品，热狗渣从他嘴里喷得到处都是。

一位站在后排的年长妇女突然从提包中拿出一瓶芥末酱和一把勺子，走向了导游。她一言不发，直接把一大勺芥末酱涂在了热狗上。导游毫无反应，观光团也似乎什么都没看到。涂完芥末酱，这位妇女回到了原先的位置上，导游则继续他的讲解，边讲还边把热狗上的芥末酱涂匀。这一幕看起来如此离奇，仿佛是凌晨时分电视里播放的一部诡异的黑白片。但我还是决定不要多管闲事，暗自祈祷朱利安赶快出现。

“所有伟大的雕塑家在拿起工具开始工作之前，都要先在头脑中想象出这次创作的具体样式，”导游继续讲解，芥末酱从他嘴角不断滴下来，“所以，女士们先生们，人生所有事物都要经过两次创作：第一次是我们的梦想，第二次是把梦想变为现实。”

“嗯，这家伙说得真不错，”我暗自揣摩着他的话，“怪不得博物馆会放任他这样的的言谈举止和穿衣打扮。”

“在你自己的生活中，”他继续说着，并从另一个裤兜中掏出了一只燕麦卷，大口嚼起来，“要在梦想的荧屏中上演一幕让自己充满热情的美好图景，然后再亲手把梦想变成现实。”

“嘿，等等！”我大声说道，再也无法抑制自己的情绪。“以前我听到过这句话。而且这声音也是我再熟悉不过的，”我终于找到了这场怪异游戏的最终答案，“整个场景实在太离奇了，不可能是现实。我都开始怀疑这是不是一场恶作剧，是我那个孩子气的哥哥跟我玩儿的一场孩子气的恶作剧。他从小就喜欢拿别人取乐。”

整个展厅安静了下来，游客们惊呆了。沉默许久之后，其中的一位说话了，就是那位涂芥末酱的女士。

“很抱歉，夫人，”她直视着我的眼睛问道，“你到底在说什么?”

“刚才那一幕就是个玩笑，不是吗?”我坚持道，“朱利安把我叫到这里来，你们也是他叫来装成游客的，对吧?我看穿了，游戏到此结束。不过你们干得不错，我想了好一会儿才想明白的!”我拍着手喝彩，脸上努力挤出了一个笑容。

展厅依旧安静。片刻，导游说话了。

“我最好还是叫保安来吧，我们可能遇到了点小问题。”他一边说，一边走向挂在墙边的一个红色电话。

我开始紧张起来，有点儿怀疑自己的判断，也许这根本不是朱利安跟我做的游戏。天哪，我心下暗自思量，如果这些人真是游客，这位导游也真的毫无问题，那怎么办?汗珠顺着我的胳膊流下，呼吸也变得急促起来，米开朗基罗展厅似乎一下子变得很热。我努力让自己镇定，鼓起勇气倾听自己内心最真实的声音。那声音告诉我，这件奇怪的事一定是朱利安捣的鬼，肯定没错。

重拾信心，我大步走向导游，伸手摘掉了他的帽子，那群人都被我的举动吓呆了。我大笑起来——没错，就是朱利安。

“嘿，亲爱的妹妹，你就不能让我好好吃完这只热狗吗?”他也哈哈大笑起来。“游客”们也跟着笑得前仰后合，纷纷走过来与朱利安击掌庆祝。

“我们骗到她了，曼特尔先生，”芥末酱女士兴奋地说道，“我们真的骗到她了!”

朱利安转向我，给了我一个大大的拥抱，一边笑一边紧紧地把我搂

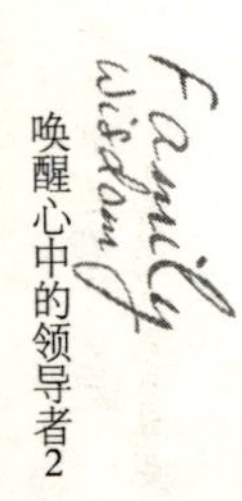

在怀里。“我们真是让你琢磨了好一会儿呢。”他在我耳边轻轻说。

“女士们，先生们，”他模仿着英国演员的腔调对这群人说，“现在登场的是我的妹妹，凯瑟琳。”

人群欢呼起来，掌声如雷，朱利安导演的一幕让大家很开心。

“多谢今天来帮忙，伙计们！”朱利安饱含热情地说道。

“这些人都是谁呀？”我问哥哥。

“这些好心人都是演员。他们都是费恩布鲁克社团的成员。”

“你是说每年都拿大奖的那个社团？”我问道。

“是的。他们真的很优秀，不是吗？我当年做律师的时候帮他们赢了个大案子，那时候一个好莱坞制片厂偷走了他们的创意，想用在一部电影里。我决定今天下午让他们来还我这个人情。”

“随时愿意效劳，曼特尔先生。”芥末酱女士优雅地答道，很明显她是这群人的领袖。

/ 发掘潜能，培养天赋 /

演员们纷纷与朱利安握手道别，或拍拍他的肩膀，向他表达诚挚的敬意。几分钟之后，展厅里只剩下了我和朱利安两个人。

“我必须要告诉你，朱利安，你还是当年那个恶作剧的行家，一点儿没变。”

“多谢，凯瑟琳，”朱利安给了我一个灿烂的微笑，“我们都需要时不时地放松一下。”

“哎，你的长袍哪里去了？我头一次见你没穿长袍。”

“我送去干洗店了。”朱利安笑道，一股积极的能量让他的脸庞散发着光芒。

“好吧，我们为什么要到这里来?”我直奔主题，“我知道，这次见面肯定不只是刚才你跟我玩的恶作剧。话说你刚才还真让我紧张了好一阵呢。从小到大，你没少拿我开玩笑，不过刚才这次应该算最有水平的一次。”

“是啊，挺有意思的，不是吗?”朱利安一边咯咯笑着一边说。“多谢你如此配合。说得没错，凯瑟琳，今天我想与你一起学习新的一课——家庭领导者第三要诀，也是最重要的一条。”

“第三要诀是什么?”我充满期待地问道。

“引导孩子关注他们的强项。”

“嗯，听起来的确很重要。”

“培养孩子成为未来的领导者和有所成就的人，第三要诀至关重要。这条要诀讲的，就是要认识到波特和萨瑞塔自身的力量和优秀品质，关注这些天赋，帮助他们成长、进步。知道吗，凯瑟琳，大多数人都在弱点上花费了太多的时间，而忘记去关注和拓展自身的强项。结果，太多人都没能发现自己身上潜藏的巨大力量，而发掘潜能正是每个人与生俱来的义务。”

“每个人都有巨大的潜能吗?”

“每个人都有。”朱利安毫不犹豫地答道，“就像我之前说过的，我们之所以来这世上走一遭，是有特定原因和意义的。我们每个人都有自己特别的潜质，可以用自己独特的方式为这个世界作出贡献。你作为家长的责任，就是培养孩子们的天赋，发掘孩子们的潜力，使他们成为优秀的人，为这个世界带来积极的改变，履行他们天赋的使命。”

“你说的真是太有道理了。以前我在生意场上总想面面俱到，我想成为沟通专家、管理大师，我想成为高瞻远瞩的领导者、耐心细致的会计主管，我想成为公司里各个方面的行家里手，结果，我哪个都没搞明白。”

“没错，但是尽管如此，你还是成功了，凯瑟琳。大多数人可没有

你这么幸运。太多人总是竭尽全力要抓住太多的事情，结果一件事也没做好。这其中的关键问题就是‘术业有专攻’。”

“‘术业有专攻’？”

“是的，要想成为人生舞台上的主角，你不能做一瓶万金油，幻想为所有人解决所有问题。在这个时代之前的伟人们有一个共同点，那就是他们都把生命的能量集中起来，培养自己与众不同的天赋。以爱因斯坦为例，他发现自己对物理学有异于常人的天赋，随后倾尽自己的一生来开发这种天赋。面对众多学科，他没有选择生物或是化学，而是专攻自己的特长。正是因为他年复一年、坚持不懈地去做自己最擅长的事情，最终迎来了伟大的成功。”

“还有其他例子吗?”

“我知道你以前喜欢摇滚，说说那位摇滚史上最优秀的吉他手——吉米·亨德里克斯怎样？吉米发现自己玩吉他很有一手，因此他没有去练习打击乐或管乐，而是专注于，不，应该说是倾尽自己所有的热情去研习上天赋予的特长。和爱因斯坦一样，成功的桂冠最终戴在了他的头上。”

“但是，你一直以来不是都在教导我，人生的平衡感很重要吗？我是说，这种对自身才华全身心的奉献听起来有点极端。”我认真思考着朱利安说的话。

“说得很好，凯瑟琳。你的聪明才智总是让人印象深刻。但是我想给你一条建议。”

“请讲。”

“请开始更多地倾听自己内心的声音。知道吗，头脑只会思考，而内心自有答案。”

“这是什么意思?”

“太多人花了太多时间思前想后，却没有足够的时间去体会和感受。请开始更多地倾听自己内心的声音，试着与内心潜藏的智慧交流。当你听到内心深处的微弱声音时，你就能找到生活的正确方向。没错，很多天才的生活方式可以用极端来形容，而且我也坚定地认为每个人都应努力寻找平衡感和一个平静美好的人生。但尘埃落定之时，我们会看到，每个人踏上的都是上天早已注定了的命运之旅。对于爱因斯坦和亨德里克斯来说，他们的命运要求他们把自己的全部奉献给天赐的才华。而对于大多数人来说，他们的命运就是对自己最突出的特长有所追求，就能够带给他们应得的成功。走进你的内心，找到你命运之旅的方向吧。”

“我已经知道自己需要做什么了，朱利安。我几乎可以肯定，至少在可以预见的未来，我的命运之旅召唤着我全心全意地去做一个出色的妈妈，抚养波特和萨瑞塔长大，培养他们成为睿智、正派、坚强、成功的人。事业对我而言依然重要，但过去那段时间，我在事业上取得的成功比很多人一辈子打拼获得的还要多，我觉得自己很幸运。现在，是我把孩子们放在最主要位置的时候了。”

“我知道，你总有一天会踏上这条路的，我早就知道了，”他神秘地补充道，“这就是为什么第三要诀对你如此重要的原因。你要让波特和萨瑞塔把自身的能量集中在天性中光明的一面上，而不要让他们为身上的弱点付出太多的精力。作为家庭领导者，你最崇高的使命之一就是引导孩子们正确认识自己的核心竞争力，也就是圣贤们常说的一个人身上‘特别的力量’和他们‘真正的天资’。然后，你要激励孩子们，点燃他们心灵中智慧的火种，让他们天赋的光彩熊熊燃烧，照亮整个世界。”

“可是，期望波特和萨瑞塔成为像爱因斯坦、亨德里克斯或米开朗基罗那样的伟人，对他们来说会不会压力太大了？我是说，那样的话，基本就等于注定了他们失败的命运。我可不想给任何人那么大的压力。”

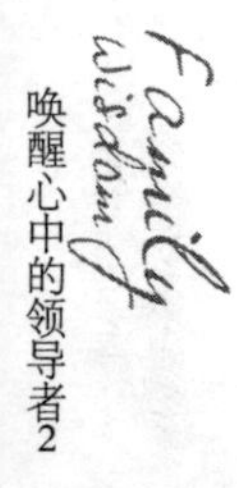

“你没明白我的意思，凯瑟琳，”朱利安充满慈爱地回答，“我不是说你要把孩子们培养成某个领域的世界第一，我是说他们需要一种激励，使他们成为能力所及的那个最优秀的人。你要引导他们认识到自己最具价值的天资，过上最幸福的生活，而这就要求你履行一个家长的职责。”

“这是圣贤们教给你的？”

“记得我告诉过你，这些圣贤都是天赋异禀的思想家，同时也是十分进步的哲人，他们不认为人生最深刻的价值可以在山中冥想出来。他们认为生命的最终目标就是充分展示出我们最崇高的天赋，为这个世界增添价值，让世界更美好。这让我想起了人道主义慈善家史怀哲的话：‘当你的天赋与宇宙的需求不谋而合，生命中的那一刻，就见证了上帝赋予你的使命。’”

“这些圣贤真不一般啊。”我喃喃自语。

“是啊。因此，要想跟随他们的引导，我建议你帮助波特和萨瑞塔寻找并修炼自身的特别之处，并对这些特别之处加以重视。这样，未来的某一天，他们也可以达到个人成就的顶峰。他们会与众不同，永远能从人群中脱颖而出。”

“但是，现在就开始这种引导，对孩子们来说是不是太早了？”我总是摆出一副实用主义者的姿态。

“不会，”朱利安不假思索地答道，“寻找孩子身上的特质，培养他们的天赋，真的应该从小开始。因为可能要用几年的时间，你才能真的找到他们身上深藏的特别之处。”

“即使乔恩和我找到了孩子们身上的特质和天赋，我还是不知道下一步该怎么做。”我继续道。

“你发现这些天赋之后，就要帮助孩子们认识到自身的天赋，这样他们就会对自己与众不同的地方有清楚的了解。从那时起，你和乔恩要开始把重点放在培养的过程上，这其间，孩子的天赋会生根发芽，沐浴在阳光之中茁壮成长。你可以让他们参加一些培训班，或鼓励他们多读书，这样他们就能不断拓展自己的能力。但关键还是在于，要鼓励孩子尽早开始重视自身与众不同的特质，并鼓励孩子要坚持不懈地努力下去。”

“所以，第三要诀——引导孩子关注自身强项的核心要点是，家长要担起唤醒孩子潜质的职责。”

“是的，”朱利安用放松的语气答道，“这也是为什么今天约你来这个米开朗基罗展厅的原因。我发现，这位艺术家的确很令人钦佩。”

“你对米开朗基罗的了解，不会也是圣贤们讲给你的吧?”

“不是。我是从书中读到的这位伟人的事迹。作为艺术家，他构思作品的信条之一，就是他独特的认识——伟大的艺术作品都开始于完全自然状态下的大理石块。只要用勤勉的双手和专注的双眼，每天不断地雕刻打磨，通过坚持不懈的努力，这天然的材料就会变为的艺术瑰宝。”

“这正是世界的奇妙之处啊。”

“是的。米开朗基罗曾说：‘一块未经雕琢的大理石，包含着最伟大的艺术家心中所有的创作思想。’但我认为，他成为伟大艺术家的关键，”朱利安继续道，“就是他根据心中的蓝图进行创作的执行力。他是个说到做到的人，他觉得仅仅心怀伟大梦想是不够的，掌控生命最核心的关键就是脚踏实地做好每一件事，让梦想成为现实。”

“这与你之前讲过的一点很相似。所有的事情都开始于一个愿景，之后，就要看这位梦想家有没有能力实现了。”

“是的，凯瑟琳。同样的思路也可以应用到家长这个角色中。孩子就像大理石块，天然的素材中蕴含着巨大的潜质。这就要求你像伟大的艺术家一样，通过你的领导力来对孩子的天赋进行雕刻、塑造、定型。”

“这样，他们就可以依照上天的安排，完成人生的使命。”

“而且，他们能活得精彩。”

/ 真正的自我 /

“那么，我亲爱的哥哥今天可以给我什么样的实用策略呢?”

“四个要点。圣贤称这四个要点为个人成就的四项修炼，简单说就是：每日进行展望；每周订立目标；常与巨人同行；以慈悲之心付出。”

“听起来很吸引人。是不是只有孩子才需要这四项修炼?”

“不，凯瑟琳。那个村落中每位圣贤的生活都贯穿着这四个美德。他们认为，如果可以坚持遵守这四项修炼，就可以每天都获得进步。最终，他们就能拥有足够的智慧去认清自己。”

“我可能没太明白，朱利安。你是说，这些非凡的智者可能根本不知道自己是谁？我有点儿搞不懂了。”

“生命的全部，无非就是一个探索的过程，”片刻的思考之后，朱利安答道，“智慧之人都知道，生命的终极意义，就是利用整个人生去寻找真正的自我和生命存在的意义，去发现并证实你的本我。”

“你的意思是，生命的目的在于发现我们的‘特质’和‘真正的天赋’?”我诚恳地问道。

“你说得对，但远不止这一点，发掘自己与众不同的天赋只是其中一部分。从根本上讲，生命这场游戏就是一场内在的游戏，所有的活动都在你的两耳之间的那个部位进行。人生价值的实现，并不在于积攒了多少财宝，而在于展示出了多少我们真实的自我。生命的意义与光鲜的收藏品无关，当然，收藏本身并没有什么错。但是，对物质的追求不应该成为驱动你生活的主要动力。如果你让物欲占据了思想，把本应与家人共度的时光和自我成长的时光用在了追名逐利上，终归有一天你会以惨败收场。知道吗，凯瑟琳，我从自己前半生的挣扎和困惑中明白了一点，人生的幸福感，并不来源于你得到了什么东西，而是来源于你本身是个什么样的人。”

“可不可以具体讲一下？其实，我最近几乎每天都在思考这个问题，很希望你能再给我一些指导。”

“没问题。我想说的是，人生真正的喜乐，就存在于一层层剥洋葱的过程中。”

“什么？让你给我一些指导，可我怎么觉得你把我推向了困惑的深渊呢？”我笑着说。

“人正如洋葱一样，在最中心蕴藏着最崇高的自我，也是最真实的自我。我们最重要的任务，就是去完成所有需要我们完成的内心修行，一层层地剥下外在的表皮，直到发现本我——那个最完美的自己。如果你还没有看到自己深藏的本质，那么就算你拥有再奢华的汽车、房子、衣服，也没有任何意义。所以，不要再竭力追逐物质财富，而是去试着让自己拥有一个更丰富的内心世界。只有这样，你才能找到永恒的幸福感。”

“但是我记得你说过，生命的终极目标就是付出，通过我们的奉献让别人的生活更美好？”

“很好，看来你最近真的深入思考了这些问题，和你共同探讨的时间没有白费，我很欣慰。没错，生命的终极目标，就是通过感动他人来让这个世界更美好。生命的目标，就是度过富有目标的一生。但是，为了能真正尽你所能为他人增添价值，为这个世界作贡献，你需要首先了解自己是一个什么样的人。很多人对本我一无所知，也不了解自己的个性，他们从来都没用过一点儿时间来探知自己人生的DNA，找出自己生活的真正动力。大多数人都是毫无目的地随波逐流讨生活，从未真正投

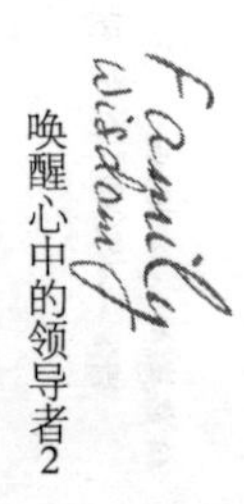

入人生这场游戏。但智慧之人、真正的领导者，为人做事的方式却有着天壤之别，他们会为自己留下独处的时间，进行内心的自省，这样，他们就逐渐认清了自己。”

“所有的哲学家都这样说过，不是吗？就是那些诸如‘了解自我’、‘未经审视的人生不值得一过’之类的至理名言。”

“是的。世上最伟大的思想家都秉承这样的信念，他们认为，我们要进行深刻的思考，来搞清楚我们究竟是谁。只有想明白这一点，我们才能拥有充实幸福的人生。跟我来，这个博物馆里还有一些艺术品值得欣赏。”

朱利安拉起我的手，一同来到旁边的展厅，入口处一块牌子上写着“艾略特作品展。”

“这间展厅收藏了很多诗人艾略特的著名作品。今天早上我来到这里时，读到展品中的一段文字，竟然是这位艺术家亲手写的！在这里呢，读一下。”朱利安兴奋地指着玻璃柜中一本旧书泛黄的书页。

> 我们不能停止探索。所有探索的终点，将会是开始时的原点，让我们用全新的视角重新认识同一个世界。

这段文字的力量震撼了我。终于，朱利安的教导让我恍然大悟。我想这次我是真的懂了。我们生来就是完美的，美好人生所必需的每样元素都不是外在的，而是内在的。朱利安想告诉我的是，那些用尽毕生精力以追逐物质财富为途径来实现成功的人，都被误导了。沿着那条路走到头，你永远也找不到幸福，相反，只有痛苦在等待着你。哥哥用他那独一无二的方式告诉了我，拥有非凡人生的关键就是探索自我，就是挖掘我们最优秀的潜质，就是了解我们最本质的人性。而后，带上这些智慧，我们就能大步迈入这个世界，完成我们天赋的使命，创造我们本应创造的美好。就在那一刻，我内心深处的一个开关仿佛一下子被打开了，一些沉睡多年的东西终于开始运转起来。我意识到，要想对我的人生进行根本的转变，我自己首先要做出根本的转变。我从内心最深处发誓，再也不会把生命中的时光花在那些物质财富上了。我对自己承诺，从今天起，我人生的核心就是要不断完善自我。

/ 每日进行展望 /

“回到个人成就的四项修炼上吧。”朱利安用他那永远饱含热情的语气说道。

“这些修炼一定可以帮助孩子们活出最精彩的人生。”我说。

“相信我，这些对你也会有所帮助。但是，没错，教给波特和萨瑞塔这些修炼，会让孩子们为人处世的方式有巨大的转变，也可以帮助他们成长为我们理想中的成功人士。提到理想，我们不妨直接开始讲解第一项修炼——‘每日进行展望’，主要讲的是运用我们的创造性想象力，来巩固我们的梦想，让梦想转变成现实。”

“听起来有些深奥。”

“实际上，正如我之前与你分享的很多哲学思想一样，这项修炼同样很实用。每日展望的修炼，就是用想象的力量，在头脑的画板上描绘一幅关于美好愿景的画面，改进我们的做事方式。我建议等你有空时可以读一本叫做《巅峰表现》的书，作者是查尔斯·加菲尔德博士。这本书讲到奥林匹克运动员是如何利用想象来获得之前从未有过的竞争优势的，他们通过反复想象，激发出体内潜藏的巨大能量，在各自的运动领域中取得了最佳成绩。所有优秀运动员在训练过程中，都熟知并实践这一技巧。他们在头脑中看到理想中的成就，一次又一次反复演示成功的图景，他们的大脑内部构造就会预先做好准备，在比赛时把梦想中的成

功变为现实。”

“太不可思议了。”

“的确。那么，既然运动员都会运用创造性想象的技巧来帮助他们达到巅峰状态，我们为什么不能与孩子们分享这一技巧呢，这样，他们也同样能充分开拓潜能，实现价值。”

“我同意。那么，我应该怎样把这个技巧教给波特和萨瑞塔呢，他们现在不会太小了吗？”

“我知道，但三岁左右的孩子就可以有效地接受想象力技巧的培训了。我们别忘了，谁才是世界上最有天赋的梦想家。”

“孩子？”

“正是。看看那些三四岁小孩做游戏时的模样吧。他们会假装攀登珠穆朗玛峰，或是在月球上行走。他们活在自己的想象之中，对那些自己能做的事情、能成为的人物，他们的想象没有边际。教给孩子想象的技巧，就是给他们一个更具体的梦想的结构，让他们继续做梦。”

“听起来很有道理。”

“确实是这样的。不要忘记亚里士多德曾经说过的话：没有头脑中的图景，人们就无法思考。”

“说得真好啊。”

“我建议你这样做：每过一两周，就带上孩子们去附近那个大公园，坐在一棵大橡树下面，让孩子们闭上眼睛深呼吸。这样做可以帮助他们安静下来，放松心情，如此一来，他们想象出的图景就能更深地扎根在脑海之中。”

“好的。之后我应该做些什么？”

“然后，开始想象自己已经拥有了一直希望拥有的一种能力。给你讲个例子。”

“太好了，我很需要一个例子。”

“比如说，如果你希望孩子们拥有更多的勇气，可以等孩子们坐在树下进入放松状态后，让他们想象自己勇敢地做事的情景。可以鼓励他们想象自己在攀登一座高山，或者想象勇敢面对班里总是欺负人的坏同学。无论想象什么主题，关键是要鼓励他们开始灵活运用自己的想象力，调整大脑的思维结构，这样，阻止他们向前看的恐惧感，就会逐渐被推动他们勇往直前的力量所取代。”

“我可以用这种创造性想象的技巧来帮助波特学好钢琴吗?”

“当然，”朱利安答道，他用手臂环着我一起走进博物馆的主展厅，“在他处于放松状态时，告诉他，想象自己正坐在客厅的钢琴边，让他真的相信这一幕正在发生。他脑海中的画面越是生动，随后的效果就越好。同时，把情感融入脑海中的画面也很重要，因为让人动情的东西就是真实存在的。情感会驱动行为，所以他要真的感到自己在弹钢琴，而且是用自己能力所及的最高水平在演奏。让他去感受，熟练演奏那些优美的乐曲是多么让人心旷神怡；鼓励他去体会，当他用全新的水平完成演奏，你、乔恩和萨瑞塔都在为他热烈鼓掌时，他的内心会是多么快乐；让他去深切体验，当他在老师面前展现出自己的高超技艺，得到老师的表扬和祝贺时，将会是多么幸福。”

“这样的想象需要持续多长时间?”

“问得好。对于成人，可以说时间越长越好，但是现在人们的生活太过忙碌，每天能有二十分钟时间用来想象就可以了。而对于孩子来说，哪怕五分钟时间也会有效果。我想，最重要的就是教会孩子们使用这种工具，告诉他们有一种方法可以用来消除他们身上的弱点，让他们表现得更好，战胜心中的恐惧，成为有所成就的人；告诉他们，随着他

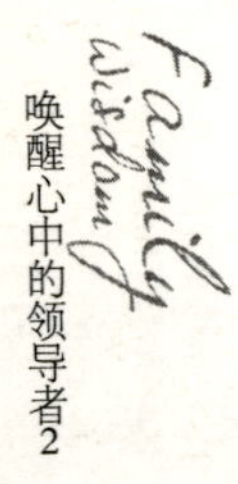

们慢慢长大，这一工具始终都可以派上用场，在面对难题时助他一臂之力，在遇到困境时帮他逢凶化吉，当周围的人深陷痛苦时让他始终不会失去感受喜乐的能力。随着孩子们逐渐长大成熟，他们就要靠自己的力量不断训练这一技巧，使之成为他们生活中不可分割的一部分。”

“明白了。我今晚就回去上网下载一些关于想象力的文章。我真的很想多学一些关于这种技巧的知识，与孩子们分享其中的好处。我准备把它列入这个月的目标之中。”

/ 每周订立目标 /

“哈，又找到了进入下一项修炼的入口，”朱利安笑道，“看来，宇宙真的是用一种绝妙的方式安排万事万物啊。”

“真的吗?”

“当然。第二项修炼就是‘每周订立目标’。订立目标对孩子们来说是一项非常重要的修炼，有清楚明确的目标可以带来很多好处。首先，我们现在的生活由于有了太多的选择早就变得复杂无比，而订立目标可以让我们在生活中重新抓住重点，专注于那些可以带我们走向正轨的事情。我想起了著名的杂耍组合‘飞翔的卡拉马佐夫兄弟’的话：‘你如果不知道自己要去哪里，就更谈不上怎么去了。’”

“说得真好。”我微笑着回应。

“订立明确清晰的目标可以为你提供一个框架，让你能做出更明智的选择。如果你很清楚地知道自己要去哪里，那么选择如何去就会容易得多。否则，你只能坐等命运的捉弄，给你一个你不想要的现实。‘如果你不去主动争取自己喜欢的东西，那么就只能被动地勉强接受你能得到的东西。’萧伯纳曾这样说。写下你的目标，可以使头脑中的意图更加清晰。你在勇敢生活网的成功经验中一定也有这样的体会，实现愿景的第一步就是把愿景明确化。更关键的是，订立目标可以让你的人生由使命去引导，而不是由你的心情来支配。”

“确实如此。”我鼓励他继续说下去。

“订立目标的另一个重要原因就是，可以帮助你随时对新机遇的到来保持警醒。最好是用每周日晚上的时间来回顾并订立你的个人、职业、社交和心灵修炼的目标，这样就可以使你的思想处于主动寻找机遇的状态。我还发现，如果我设立了目标，我就会努力实现它。感受内心深处的激情之火，体会潜藏在我们每个人心中的蓬勃动力，就变成了一件很自然的事。当我订立目标的时候，生活中充满了一种更充实的存在感。不管在人生的哪个阶段，你的生活变得多么悲惨，也无论当时发生的事件让你多么伤感无助，只要拿出一张纸，写下你那时的梦想，你就会觉得心情舒畅许多，精神倍增。我想，订立富有意义的目标，目的就是要点燃我们内心沉睡的激情。”

“真的吗?”

“真的。设立远大而有意义的目标可以唤醒我们内心的激情，随着年龄的增长和对周围世界的渐渐淡漠，很多人心中的这种激情早就熄灭了。还记得儿时我们心中那种万事皆有无限可能的感觉吗？订立目标，就可以让我们重新找回那种感觉。而且，目标可以随时提醒我们，如果对自己的追求抱有足够的信念，付出足够的努力，我们完全能够拥有渴望的任何东西。正如作家希拉·格雷厄姆曾说过的，‘如果你的愿望足够强烈，你就能拥有你想要的任何东西。你的渴望激情万丈，从你的身体穿透而出，与创造世界的能量相融合。’”

“这句话说得真好。我也想与创造世界的那股能量相融合。”

“相信我，你现在正在做的就是这件事。”朱利安继续道，“订立目

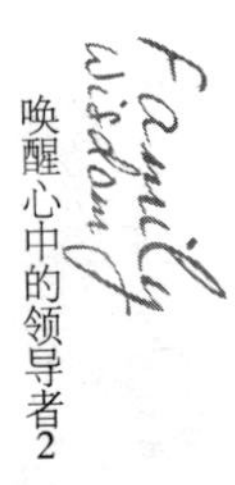

标的另外一个要点就是，永远不要让目标停滞不前、不采取任何行动。”

“太对了！”我充满赞赏地感叹道，“这也是我们勇敢生活网的一条规定。如果有人想出了一个新点子，他就要把想法付诸实践，他必须要为这个点子负责，行动起来。可能是打个电话，与别人讨论一下可行性；可能是写个建议书交给我；也可能是向团队的其他成员做个报告。无论采用哪种方式，关键在于根据想法行动起来，为点子的实现增加一些驱动力。如果不这样做，我们都知道，生活中的其他琐事会立刻闯进来，这个点子也会随之灰飞烟灭。”

“我完全同意，凯瑟琳。在这颗星球上生存的每一个人的点子都有改变世界的力量。有些人选择了把思想付诸行动，并因此而活得精彩。有些人选择了无所作为，听任自己度过平庸的一生。”

“你把订立目标说得像一个神奇的法宝。”

“作为受过哈佛教育的律师，我一直都对‘神奇’这个词有些抵触。但是，从自己的亲身体验得知，订立目标的确有些神奇的效果。如果不掌握这门技巧，不把它传授给孩子们，实在是太可惜了。的确，他们现在还小，明确的职业目标之类的东西对他们来说还为时过早。但是，关键就在于，要让他们了解这一技巧，让他们亲身体会这一技巧的功效。让孩子们的‘伟大之处’闪现出来，是你作为家长的责任之一。”

“孩子们的‘伟大之处’？”我被这个新鲜的说法吸引住了。

“是的，作为家长，你的另一项主要责任，就是确保孩子们不会重蹈覆辙。”

“什么覆辙？”

“大多数人都过着局促的生活。头脑中是局促的思想，手头做的是局促的事，连游戏也不敢玩儿把大的。”

“成人不敢玩大游戏?”

“我们不敢。我们不会爬到人生最高最细的树杈上，承担掉下来的巨大风险。我们每天都想着同样的事情，做着同样的事情，用同样的方式回应这个世界。我们生活在一个虚幻的安全港湾中，觉得这里才是最可靠的地方。”

“而这里其实是最不安全的地方。”我很自豪与哥哥相处的这段时间学到了很多知识。

“正是。当你进入并体验未知世界时，你的人生才是真实的。只有当我们用超越往日极限的能量去摘取星辰、探索人生时，我们才是最真实地活着的。局促的游戏是给平庸的人准备的。让我们的伟大之处闪现出来，才能走向成功的山巅。”

“承担风险就是拥有更伟大人生的一种方法?”

“是的，凯瑟琳，只要这些风险是明智的、可估算的，没人会让你去教孩子做蠢事。你要引导孩子们明白一个事实，那就是他们应该经常尝试新鲜事物，他们要学会倾听内心的呼唤。如果他们想到了一个好方法，可以帮助他们改善生活中的某一方面，他们就要有勇气去付诸行动。记住，做一个优秀的人生领导者，其实就是一门关于行动的学问。”

“教给他们去承担明智的风险，经常尝试新事物，对吧?”

“是的。我们还回到第二项修炼中来，要培养他们每周订立目标的好习惯，即使仅仅是一两件他们期望在下周发生的小事也可以。我想给你和孩子们一个具体的建议，就是希望你能跟孩子们一起写一本梦想书。”

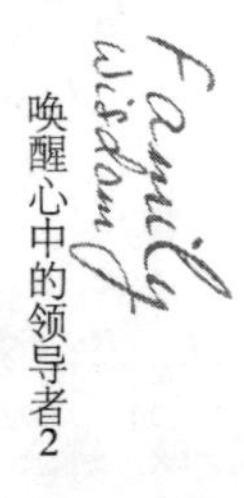

“梦想书是什么?”我问道。

“就是准备一个空白的笔记本，你们可以在里面写下各自的目标。把它想象成一个容器，抓住你和孩子们那些翻飞的梦想，保存在这个容器里。你可以列出每一个小小的目标，也可以记录下最远大的理想；可以贴上你心目中大英雄的照片，想要的东西和想去的地方；可以记下你看到的任何名言警句。用这种方法，可以很好地培养孩子订立目标的习惯。”

“我喜欢这个主意，朱利安！真是个好主意。我觉得自己已经充满动力了。”

/ 常与巨人同行 /

“到这里来。”朱利安拉起我的手来到一间小小的展厅，入口处挂着铜质的牌匾，上面写着“伟人画廊”。

“我以前从没来过这里。”我一边说一边欣赏着画廊中展出的伟大历史人物的精美画像。

“这里是刚刚建成的，我也是才发现这个地方的。让我在这里待几个小时都可以，只想静静感受这些伟大人物散发出的积极能量，回顾他们一生的伟业。每次离开这里时，我都觉得内心充满动力，也进一步坚定了在这条路上一直走下去的信心。”

“带我来这个地方，是不是跟个人成就的第三项修炼有关?”

“正是!”朱利安答道，迅速转了个身，伸出有力的拳头指向空中，“嗯，我真的很喜欢这项修炼!”他大声说道。

“好吧，好吧，我们来听听看。”

“个人成就的第三项修炼，可以对波特和萨瑞塔的一生产生十分积极的影响。这条就是‘常与巨人同行’。”

“我想知道这项修炼的具体解释。”我坐在画廊中间的长凳上，满心期待地说。

“‘与巨人同行’，就是花时间与历史上的伟人相处，让这个世界上最优秀的人成为你的精神导师。今晚想不想与特蕾莎修女共处?”朱利安的眼中闪烁着光芒。

“当然了。”

“与曼德拉促膝长谈，或是与甘地深入交流怎样?”

“算上我一个。”我不太明白朱利安这一串问题有什么深意。

“知道吗，知识时代赠予我们所有人的一件礼物，就是只要我们愿意，每天都可以与世上最伟大的思想家共处。只要一张图书馆借阅证，你就可以引领孩子们进入圣雄甘地最丰富的内心世界；只要接上互联网，你就可以走入海伦·凯勒、富兰克林、孔子或史怀哲的思想深处。你就能懂得他们的喜怒哀乐，明白他们如何面对挫折，了解他们如何规划人生。对我来说，这种收获真的很让人痴迷。通过书籍、录音、录像和其他教育材料，我们可以随时与世界上最有魅力的人做朋友。这中间的精妙之处就在于：与历史上最富智慧的伟人相处，你就会不由自主地从本质上变成一个更优秀的人，向他们看齐。这让我想起了作家多萝西娅·布兰德的一句话——‘我找到了令我重获自由的思想，但我并不是有意识地去寻找的。那时，我正专注于另一个领域的研究，我在一本书中读到了一句话，那句话如阳光般照亮我的内心，使我不得不把书放在一旁，思考话中的深意。而当我再次拿起书时，我已经成为一个全新的人。’与伟大的思想接触，是提升你自己思想质量的最好方式之一。这就像你跟水平比你高的对手打网球一样。”

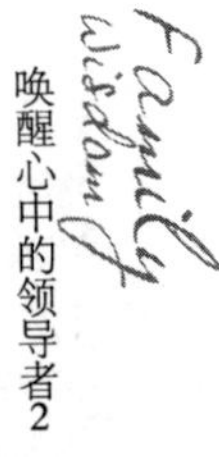

“你就可以每次都比以前打得更好一些。”类似的现象我在很多情况中都遇到过。

“是的。我们的世界有很多思想、哲学、科学和精神巨人，如果你经常阅读关于他们的著作，你的思想和行为方式就会随之进步。你会提升到他们的层次，你会发现自己有了以前从未有过的崭新思想，而你的一举一动也会充满积极的能量，甚至会让你自己都感到惊讶。所以，每周都找出一点儿时间，带着波特和萨瑞塔走入巨人的思想之中，看看这些传奇人物是如何为我们的文明作出贡献的。当你开车带孩子们去参加足球比赛或上芭蕾舞课时，不妨在车里放一段关于爱因斯坦、莫扎特或爱迪生的自传。可以肯定的是，这些伟人的影响力会在孩子性格的塑造过程中起到非常积极的作用，激发孩子的潜能，让他们成长为更优秀的人。正如作家托马斯·贝利·奥尔德里奇写的那样，‘若要了解一个人，就看看他脑子里装着什么人。’”

“甘地也曾说：‘我不会允许任何人用肮脏的双脚践踏我的思想。’”我最近刚刚读过这位伟人的自传。

“甘地深知，你装入自己头脑中的思想会对你接下来的人生造成影响。”

朱利安继续道：“我在巨人的著作中找到了同伴。对我来说，优秀的书籍就代表着希望，这些书中饱含着对人生的承诺，可以帮助我描绘一个更富智慧、更加美好的世界。而这也使书籍以及每天读书的好习惯成为人生中最重要的追求。”

“波特和萨瑞塔还小，不过我可以从现在就开始收集你谈到的这些书。我有时还是要为勇敢生活网的工作出差，每次都要在机场待上几个小时，在那里总能找到不错的书店。”

“当然，”朱利安答道，“成功人士经常飞来飞去，他们一般都有阅读的好习惯。书商早就搞明白了这一点，所以在机场的书店中总能找到一些值得收藏的好书。”

“我要去书店给孩子们找些好书。”

“好主意。”朱利安答道，“书中自能找到智慧的宝石，帮助孩子们成长为坚强的人。你也会找到很多有用的知识，帮你发现最完美的自我，照亮你前行的道路。那些你觉得困惑不解的问题，总有一本书会给你满意的答案，只要你拥有寻找这本书的动力，并管理好自己，坚持读下去。”

“谈到管理，你对管理孩子有什么想法？虽然管理员工对我来说不是什么难题，但在家里，管理孩子却一直让我有些头疼。我发现，只要是跟孩子有关的事情，我就没办法拒绝，总是大包大揽。”

“做一个好家长的核心，尤其是在管理孩子这个问题上，就需要你在面临选择时，永远选择难度更大的那条路走，而不是选最轻松的。以你的道德观和价值观为基础，倾听内心和良知的声音，去做正确的事。不要因为某条路容易走，就放任自己偷懒。”

“这就回到了以前说过的一点——领导就是做正确的事。”

“是的。而且要记住，对孩子严加管教才是给他们的礼物。”

“这是什么意思？”

“很多父母觉得，不停地满足孩子的需要，从不拒绝孩子的要求，才能证明他们的爱。但是他们忘记了一点。孩子需要明确的界限和持久的标准，来为自己建立一个可以遵循的依据。虽然孩子不会说出这样的话，但当父母给孩子的行为设定界限，要求孩子守规矩时，正是这些规

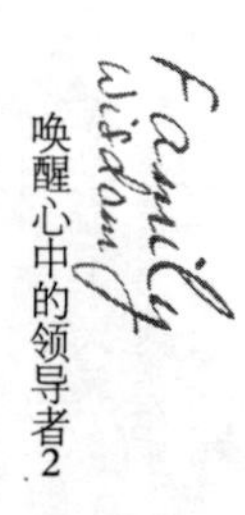

矩让孩子感受到了父母的爱。进行合理的管教，也可以帮助塑造孩子的个性，因为管教的同时，你就为孩子树立起了明确的是非观。”

“正是这样，朱利安。虽然我从来都不喜欢父母给我们立下的那些规矩，但我心里明白，立这些规矩说明他们爱我们。我觉得我已经放任波特和萨瑞塔太长时间了，我要对他们严格一些才是。”

“但是别做得过火了，凯瑟琳。你要把握一个平衡，既要管教，也要让孩子能保持孩子的天性，度过快乐的童年。而且要记住，如果要惩罚孩子，惩罚的是某个行为，而不是惩罚孩子本身。”

“能具体说说吗?”

“保护孩子的自尊心十分重要。孩子们要是犯了什么错，一定要告诉他们，是他们的行为不正确，而不是他们本身不够优秀。你要给孩子们无条件的爱，让他们知道，不管他们做了什么，你都会一直爱他们。但同时，你要强化一系列的规矩和限制，让孩子们知道，一旦他们做了违背规矩的事，就会受到管教。”

“有道理，孩子们的自尊心的确很脆弱。他们会把小时候听到的话记在心里，很多年都忘不掉。”

“是这样的。我还建议，千万不要在你生气的时候管教孩子。”

“为什么?”我感到有些不解，没想到还有这样的道理。

“管教是为了帮助孩子把自身的能量引导到更适当的地方，而不是家长发泄怒气的途径。不要把管教孩子作为释放压力的工具，如果孩子犯了错误，不要为了自己一时的痛快就冲孩子发火。请抓住并珍惜这次机会，把它视为塑造孩子个性的良机。只有这样，管教孩子才能收到你期望中的效果。”

/ 以慈悲之心付出 /

“最后一项修炼，也是个人成就的第四项修炼，就是‘以慈悲之心付出’。你要教孩子们懂得，张开双臂、敞开心扉的付出是多么重要而珍贵的美德。记住，付出的那双手，同样会迎来收获，付出的同时也就开启了收获的过程。付出的越多，收获的越多，这是人性光辉中永恒不变的法则，而我们却总是忘记。教导波特和萨瑞塔把人生的重心放在帮助别人上，要感激别人为这个世界增添价值。要让孩子们认识到这样做的重要性，带领孩子们经常向身边的好人表达感谢。每次和孩子们去朋友家做客时，都带上一份礼物，以后孩子们自然也会养成这样的好习惯。礼物不必多么贵重，重要的不是东西的价值，而是你的一份心意。哪怕礼物简单到就是你从后院采摘的一把鲜花，或是孩子们自己动手做的卡片，也能代表你们的心意。而且，不要忘记温暖的拥抱和甜美的微笑。很快，孩子们就能培养起‘付出’的好习惯，就能感受到与他人分享的乐趣，他们的人格会上升到一个更高的境界，向着更优秀的方向发展。等到他们发现做个好人、坚持付出的巨大力量时，他们也就学会了人生中最重要的一门课。”

“哥哥，谢谢你。”我心中充满了对他的感激之情，“我爱你。”

“我也爱你，凯瑟琳。哦，差点儿忘了，我还有个小礼物送给你。”

朱利安伸手从裤兜里掏出一张皱巴巴的餐巾纸，上面还沾着芥末酱。

“我知道看起来不太好看，但我在上面写下的东西却比真金还要宝贵。我建议你把这段话打印出来，装到画框里，挂在家中随时能看到的地方。我现在读给你听，好吗？”朱利安满怀激情地问道，泪光在他眼中闪烁。

“好，读给我听吧。”我温柔地答道。

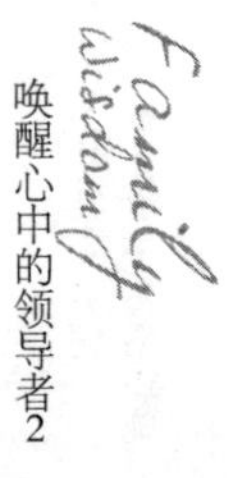

"我不知道为什么这些文字会引起我如此强烈的共鸣，我已经把每一个字都深深刻在了心上，作为引导我向前的力量。我想，可能是因为这句话抓住了我梦想的那种生活方式的核心，代表着我想成为的那个理想中的人。"

这是一段彭威廉[①]的文字：

> 我只有一次机会度过人生。因此，如果我可以为他人奉献爱心、做点好事，那么就请让我立刻去做。不要拖延，不要回避，因为，人生没有回头路。

我和朱利安手挽着手走出博物馆。天空下着毛毛细雨。

"在印度，人们相信细雨是好运的兆头。"朱利安轻声自言自语，我几乎听不见他的声音。他抬头仰望天空，雨滴轻轻打在他的脸上。他闭上眼睛，幸福地微笑着，静静体会着此时此刻的美好。突然，他大声欢呼起来，路人纷纷停下脚步向我们望过来："活着真好啊！"

我的心情也豁然开朗，默默在心中附和着哥哥的欢呼。

- 发掘孩子潜能，培养孩子天赋。
- 四项修炼：每日进行展望；每周订立目标；常与巨人同行；以慈悲之心付出。
- 与孩子一起写一本梦想书。

① 彭威廉（William Penn，1644—1718）：英国基督教贵格会领导人、社会哲学家。——译者注

Family wisdom

第09章

要诀4 自我

个人新生，自我重建

人生如戏,与长度无关，关键看表演是否精彩。

塞内加

世上的魔鬼都住在我们自已心里。我们要在内心交战，才能战胜邪恶。

甘地

我收到一条奇怪的留言。威廉森阿姨是我多年的老邻居，她终日闭门不出，与十四只猫为伴，我还曾经开玩笑说她看上朱利安了。就是她，有一天突然给我的语音信箱留言，约我到她房子后面的花园见面。更诡异的是，她要我第二天早上 5 点过去。“请相信我，凯瑟琳，”她用颤抖的嗓音缓慢地说着，“在我那块番茄地旁边，有一份礼物等着你。”

说威廉森阿姨举止古怪绝不为过，她是我认识的最反常的一个人，我想我永远也搞不明白她为什么这样生活。但她是个好邻居，每次在路上碰到，她总会冲我友善地笑笑。因此我回了个电话，告诉她我会按时去花园赴约。

/ 朱利安的另一个恶作剧 /

第二天一大早，我梳洗过后，轻轻吻了乔恩和孩子们，蹑手蹑脚地从侧门溜了出去，向威廉森阿姨家走去。正当我穿过她房前的草坪时，三只猫突然从灌木后面窜了出来，差点儿把我的魂吓飞了。我站在原地，一时回不过神来，心脏怦怦地跳着。过了一会儿，我稳定了一下情绪，小心地绕过房子，来到后院，走进她精心耕作的大花园中。抬头一看，我简直不敢相信自己的眼睛。

番茄地旁边竟然立着一个巨大的稻草人，上面裹着一块带花边的布，估计是威廉森阿姨不知从哪里买来的二手货。稻草人摆出一个奇怪的瑜伽姿势，就像纪录片中常看到的那种瑜伽师的招牌动作。更让人摸不到头脑的是，从稻草人到房子的后门之间挂着一张巨大的横幅，横幅上是马克·吐温的一句话，鲜红色的文字沐浴在清晨的金色阳光中，仿佛要从横幅中跳出来一样光彩夺目。上面写道："如果每个人都对自己很满意，那么世上就不再会有英雄。"

音乐打破了清晨的寂静，我循声望去，发现有人在旁边的野餐桌上放了一个便携音响。我一下就听出了这首歌和演唱者——伟大的路易斯·阿姆斯特朗的《世界多美好》。我站在那里，静静体会着这一幕散发出的力量。我不知道这一切究竟是怎么回事，也不知道为什么我会被召唤到这里，而且我一点儿也不在乎。自从朱利安回来之后，我的生活发生了神奇的变化，这种变化让我越来越快乐。我知道，不管将要发生什么，肯定会是一个精彩的故事，等我老了可以讲给孙子孙女听。

"威廉森阿姨？您在吗？"我高声问道，想压过路易斯的歌声。

没人回答。我又试了一次。

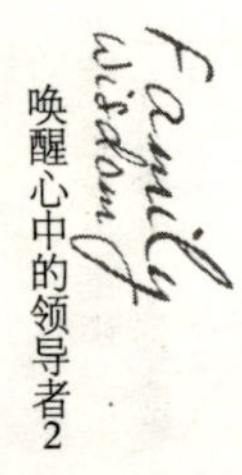

"嗨！威廉森阿姨，您在吗？"

还是没人回答。路易斯的曲子也在最后一句歌词中结束了："我对自己说……世界——多——美——好。"

终于，花园安静了下来，我走向番茄地和打扮古怪的稻草人。突然，一个低沉有力的声音唱道"我对自己说，世界多美好"。我向四周望去，没发现周围有人。我继续向前走，声音又一次响起——"世界多美好"，这次就这么短短一句。声音似乎是从番茄地旁边的稻草人附近发出来的。"可能这一切跟威廉森阿姨电话留言中提到的礼物有关。"我暗想。

稻草人的头部被层层黑布包裹着，完全看不清脸。这简直像极了朱利安惯用的恶作剧手法，可我知道肯定不是他，因为他到康涅狄格州度假去了，说要来一次七天的"个人成长旅行"。

"我需要更进一步去了解自己。"我们把他送到机场时，他说。

就在我刚走到稻草人旁边时，便携音响突然开始大声播放："如果每个人都对自己很满意，那么世上就不再会有英雄。"我开始有点儿紧张了。到底是谁安排的？又为什么把我扯进来？

突然，稻草人动了起来。一开始还很缓慢，随后就开始疯了一般挥舞着胳膊和腿，在番茄地里一圈圈打转，好像在跳回旋舞。终于，稻草人转晕了倒在地上，趴在那里休息了一会儿便开始大笑起来。

很明显，这副伪装下是个男人，而且还是个我认识的男人。我弯下腰，伸手把稻草人脸上的布条扯了下来。没错，就是这位恶作剧之王搞的鬼。

"我还以为你在康涅狄格寻找更高尚的自我呢。"我气呼呼地讽刺他，却忍不住笑了出来。"你就不能找点儿更有意思的事做吗，难道非要搞出这么个场面吓到我你就开心了？"

“我倒觉得恶作剧挺有意思的，”朱利安答道，“你每天都跟太阳一起起床，我一个人觉得怪闷的。”

“好，那你现在告诉我，为什么要演这一出？我真不敢相信，你竟然把可怜的威廉森阿姨也一起拉下水了，她老人家都快九十岁了。”

“她特别喜欢这个点子，觉得我很幽默。”朱利安抬头望向威廉森阿姨家二楼卧室的露台。

“嗨，朱利安，”她穿着睡衣倚在栏杆上笑着打了个招呼。“你太有意思了！我好长时间都没看到过这么有意思的事了。跟凯瑟琳说完话后进屋来喝杯茶吧，我还想听你的印度历险记呢。别忘了啊，帅哥。”她满面红光地说着，我还是头一次见她这么开心。

朱利安冲我眨了眨眼。

“万人迷。”我评论道。

“她很可爱的，而且她煮的甘菊茶特别好喝。”

/ 自我重建与花园 /

“但是，说正经的，”我说，“你不是应该在精神之旅的路上吗，怎么回来了？”

“我知道，我没跟你打招呼就出现在这里，多少有点不负责任，凯瑟琳，我向你道歉。但我的直觉告诉我，应该尽早与你分享家庭领导者的第四要诀。自我师从锡瓦纳的圣贤之后，就越来越深刻地意识到他们常说的‘内心的静谧呼唤’。”

“别跟我提这些莫名其妙的词，朱利安。”我有些奇怪自己怎么会这么缺乏耐心，心下暗想，都是哥哥这么早叫我起来、不让我睡觉的原因。

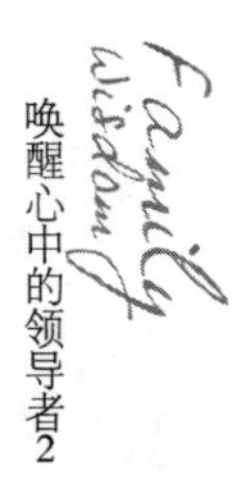

"我是认真的。我们每个人都有一种潜藏的能力，无论在生活中遇到任何情况，都可以找到其中真实的一面。当我们修炼好自己的内心世界，与最崇高的自我相接，这种称做直觉的能力就会变得十分强大。我的直觉告诉我，你需要了解我即将讲给你听的第四要诀，与我那一个星期的自省和个人成长相比，你更重要。所以，我在这里，愿意为您效劳。"朱利安开着玩笑，弯腰鞠躬，模仿着管家向主人行礼。

"那句'如果每个人都对自己很满意，那么世上就不再会有英雄'，与我有什么联系呢?"

"这句话与你的联系太紧密了。我们之所以现在在这个花园之中，就是为了你。我之所以播放了阿姆斯特朗先生最著名的歌曲，也是为了你。"

"好吧。"我无精打采地应道。

"家庭领导者的第四要诀，是要帮助你成为理想中的那个人，挖掘出你最完美的自我，发现心灵和身体的全部潜能，使你有力量担负起家庭领导者的重任。这条讲的，就是要你成为人生的英雄。"朱利安一脸爱。

"那第四要诀是什么呢?"我开始对这节人生课产生了兴趣，心情也渐渐好了起来。

"要成为优秀的家长，你要先做个优秀的人，这一要诀要求你实现自我重建和个人新生。"

"最后两个词我不太明白。"

"如果一家公司在研发上从来不投入任何时间和金钱，你觉得这样的公司怎么样?"朱利安用一个问题回答我。

"不怎么样。我肯定不会给这家公司投资。"我答道。

"是的，我也不会。"

"别跟我说你又开始玩股票了，朱利安。我现在都能想象得出报纸上怎么说——百万富翁律师华丽转身变高僧，掀起股市风云，钞票换回法拉利等等。"我咯咯笑着说。

"我投资股市的日子早就是过去啦，但我投资自己的日子才刚刚开始，这是我这辈子最明智的一笔投资。你看，如果一家公司毫不在意是否能每天都保持进步，那么你连一分钱都不愿投给他们，而世上大多数人却在整整一个月里都不愿花一小时提升自我。所以我特别喜欢那句话，'如果每个人都对自己很满意，那么世上就不再会有英雄。'无论从哪个角度看，那些世界上最有成就、最伟大的人，对自己都是从不知足的。他们总是不停地突破极限、开发潜能，变得更为坚强、智慧，更有成效。"

"但是，不是有个说法是，我们要懂得知足、喜欢自己本身的样子吗?"

"我并不是说要你不去爱自己，不懂得为自己的才华感恩。我只是说，我们不应该落入自满的陷阱中。更重要的是，我们需要不断地努力，让生活变得更美好。"朱利安强调着"美好"这个词。

"哦，"我感叹道，"现在我明白你为什么要放那支歌了。"

"你终于开窍了。"他轻轻吻了吻我的脸颊。

"但是，我还是没想明白，我们为什么要来这个花园。"

"花园是自我重建和个人新生的完美象征，是大自然对关怀、培育和专注给予回报的典型例子。威廉森阿姨每天花许多时间在这里耕种，确保蔬菜可以获得精心的照料和成长所需最适宜的环境。'一分耕耘，一分收获'，她为了这片花园投入了大把时间，大自然就会为她奉上丰收的喜悦。对人的成长来说也是一样，每天从你密集的日程表里抽出一

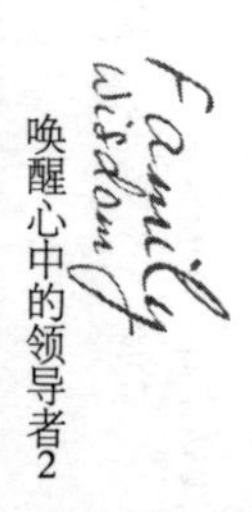

点时间进行自我重建，将会给你人生的各个方面带来积极的影响。”

“你说的自我重建是什么意思？你是说花时间锻炼身体、注意饮食吗？”

“这一点没错，但远不止这些。”朱利安停顿了一下，带我来到野餐桌前，倒了一杯新鲜的番茄汁给我。

/ 助人者先自助 /

“还记得空难的那次航班吧？”

“现在想起来还是很伤感。”我小声答道。

“想想乘务员当时给大家的指示。”

“我记得她们告诉大家要保持冷静，不要惊慌，把头放在腿上。”

“她们说氧气面罩了吗？”

“每次坐飞机乘务员都会讲怎么用氧气面罩。”

“怎么讲的？”

“主要是告诉我们，先给自己戴好氧气面罩，再帮别人戴。”

“对，”朱利安对我的回答很欣慰，“这就是家庭领导者的第四要诀，以及自我重建概念的核心所在。”

“我还是没太明白。”我坦言，拿起杯子喝了口番茄汁。

“在你有能力帮助别人之前，首先要帮助自己；要想成为更称职的父母，首先要成为更优秀的人；要想找到正确的方式管理好你的家庭，你首先要找到正确的方式管理好自己。所有这些都是说，外在的领导力源于内在的领导力。”

“我同意。”

“如果你不能首先拥有美好的设想，就无法为孩子做到美好的事情。”朱利安继续讲道，此刻的他活力四射，像一位牧师般虔诚。

“没错。”

“如果你自我感觉不好，就无法做好人生中的每一件事。”

“也没错。”

“如果你不爱自己，就无法真的去爱孩子们。”朱利安动情地说。

我完全沉默了。最后那句话深深地震撼了我，泪水不觉间流了下来，朱利安的智慧仿佛具有穿透灵魂的力量。他说的太对了，如果我连爱自己的能力都没有，又怎么能真的把爱无私地献给孩子们和乔恩呢？作为一个人，如果没有找到热爱自己的力量，又怎么能全心全意去爱别人呢？哥哥想要告诉我的是：在我有能力承担起做一名合格母亲的责任前，首先要认真严肃地开拓自我，“从内向外展示领导力”。

“有意思的是，在自我重建和个人新生上下功夫，不仅可以让你变得更有成效，而且可以让你比现在更快乐。就像肯尼迪曾经说过的一样，‘快乐就是充分运用个人的能力达到极致’。”

/ 加入“5 点钟俱乐部” /

“好的，朱利安。我怎么做才能实现自我重建呢？”

“关键就是趁早开始。”哥哥不假思索地回答。

“请具体讲一讲。”

“如果你想成为一个更优秀的人，我建议你加入‘5 点钟俱乐部’，就像今天一样。”

“你要我每天早上都 5 点起床？”我叫道，“你疯了吗？”

“圣贤们每天早上都是 4 点起床的，但 5 点对你来说应该比较适宜，凯瑟琳。战胜自己赖床的懒惰思想，咬牙坚持下来，你就能感受到更多

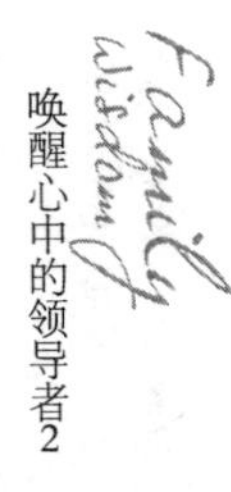

的活力。早上5点起床，会让你在心理上有一种成就感。你醒来的时候，整个世界还在沉睡，而你用这段时间能做到的事情，所有人都会觉得很重要、却从来没有时间去做。”

“比如什么事呢?”

“比如看着太阳升起，比如在树林中散步，比如读一本好书。就像我一直跟你说的，每天读一点美好的文字，会为你的整个人生带来积极的改变。每天清晨，在别人都还在睡梦中时，读30分钟激励人心的好书，从书中获得的智慧会让你在接下来的一整天都充满动力。你与孩子们和乔恩交流的方式会有所改进，与员工们的关系也会有所改进，甚至与陌生人之间的沟通都会更融洽。正如犹太学者朱达·伊本·迪邦曾说过的那样，‘让书成为你的伴侣，让书箱与书架成为你的游乐场和花园’。”

“说得真好。”

“想象一下，从今往后，你的下半生中，每天早上都会多出一两个小时。把这段时间留给自己，看着你的人生逐渐飞升到一个全新的高度。利用这段时间冥想，想象你理想中的一天，或是理想中的人生。听听舒缓的音乐，安抚你的灵魂，或花点时间打理一下花园，与大自然交流，就像我们的好朋友威廉森阿姨一样。知道吗，她昨天告诉我，她每天早上也是5点起床，已经坚持了70多年了。她说，这是她这辈子培养出来的最好的习惯。”

“我以前还真不知道。”

“凯瑟琳，生活在这个星球上的每个人，都有自己的故事，也有长于旁人之处。问题就在于，太忙了，整天被自己的那些‘琐事’纠缠，没有时间和精力去跟周围的人学习。我并不是在责怪你，你的事业风风火火，家庭欣欣向荣，确实需要你投入全部的精力。我只是想提醒你，美好的一生是由各种美好的关系构成的，如果你想生活得更幸福，就与身边的人更深入地交流吧，这样你就会发现快乐与日俱增。人生的充实感并不来自物质财富，而是来自爱与被爱的感触。”

“完全同意，朱利安。过去这几个月是我人生中最美好的一段时光。从来没有像现在这样与波特和萨瑞塔亲近过，从来没有像现在这样强烈地感受到乔恩的爱，也从来没有像现在这样获得过员工的赞赏和尊重。而且，我从来没有像现在这样对你心怀感激。前面的路还很长，但我现在知道，我踏上的是正确的方向。”

“的确。你说得对。”

/ 呵护你的“圣殿” /

“那么，我还可以做什么来重拾自我？”

“呵护你的‘圣殿’。”朱利安答道。

“‘圣殿’指什么？”我问。

“你的身体就是一座圣殿。”朱利安一边回答，一边脱掉稻草人的装束，露出他那标志性的优雅长袍。“古代的哲人曾这样说过：Mens sana in corpore sano.”

“翻译一下吧，我的拉丁文可没有以前那么好了。”我冲哥哥眨了眨眼。

“这句话的意思就是，健壮的身体孕育着强大的思想。这是一条至真的哲理，可很多人却忽视了它的重要性。你的身体就是一座圣殿，你要把身体当做一种载体，当你给予身体足够的尊重和呵护时，它就可以带领你迈向人生的全新高度。管理好自己的身体，是实现个人管理的一种很好的方法。”

“真的吗?”

“当然。想想看，每周要是能坚持去健身房五六次，那需要多大的恒心才能做到；想想看，坚持用超过平时的运动量去锻炼，每次锻炼都选择比上一次难度更高的方式，这需要多大的毅力才能实现；想想看，每天面对各种美食的诱惑，却坚持选择健康自然的食物，有意识地多喝水，这需要多大的忍耐力才能抵御。如果你拥有足够的勇气去尊重你的身体——这座容纳着你灵魂的圣殿，实现个人管理的巅峰就不远了。每次当你不愿锻炼身体时，都能说服自己去健身房，你就会获得成长，变得更为坚强。每个寒冷的冬日，当躺在被窝里取暖是再舒服不过的事情时，你都能战胜自己，出去慢跑，你就更进一步释放了自己的天性。为提高身体素质而不断努力锻炼，是让自己个性坚强、提高生活质量的一个好办法。而且，这样做不仅能让你个人得到提升，在做家长方面，你也会获得进步。”

“可是我不觉得这两件事有什么联系呀。”

“有规律地锻炼身体，选择健康的饮食，花时间来放松身心，会让你整个人变得更快乐。坚持下去，你就会拥有更多的能量。你会充满活力、心智坚强，也会更有耐心和爱心。而且，你的情绪也会更加稳定、平和。难道这些好处不能让你成为一个好妈妈吗?”朱利安反问道。

“当然能。”

“呵护好自己的身体，甚至会让你在思考问题时思路更加清晰、想法更加坚定。由于你的世界是由思想构成的，因此，拥有清晰明确的思想本身就是一笔无价的财富。每周有 168 个小时，如果能抽出四五个小时用来呵护我们的圣殿，调整好自己的身体状态，即使日程安排再繁忙，其实每个人也都能做到。我知道，你最近一直在坚持锻炼身体，对你的进步表示祝贺，但我建议你可以提升到一个新高度。请严肃对待锻炼身体这件事，释放出身体的潜能，找到自己最完美的状态。”

“但是我想问你，对自己身体状态的过度苛求是不是不太健康？作为女人，我觉得让自己的身体呈现出完美状态是一种很大的压力，尤其是现在整天被媒体中充斥的完美形象影响着。”

“嗯，问得好。我说的完美状态，不是要你看起来像个超模或电影明星，而是要你找到自己最好的身体状态。要达到这个目标，你要把对外在的关注转移到内在。不要再把自己的体形与时尚杂志中的封面女郎相比，而是要把现在的你与从前的你相比。”

“朱利安，你刚才的话让我觉得全身为之一振。”

“伟大的圣贤教给了我这个道理。还记不记得之前我讲给你的古印度箴言？‘高人一等，并不只是证明你的高贵。真正的高贵源于超越自我。’”

“我记得这句话，很喜欢！”我说道，“这是一种更真实、更智慧的为人处世的方法。”

“所以，要把过去的自己作为衡量标准。而且要记住，不花时间锻炼身体的人，最终会把时间花在治病上。”

“没错。”我边反思边说。

“这个世界有时真的很矛盾，当我们年轻时，总是情愿用自己的健康换回一点点财富，而当我们年华已逝、心怀智慧时，却宁愿放弃所有的财富……”

“换回一点点健康。”我接着说。

“是的。另外，谈到保持健康这个问题，我想提醒你，每一次你没有做到正确的事情，就是在助长做错事的坏习惯。”

“我没太听懂。”

“这么说吧，错过一次锻炼，远不止错过一次锻炼而已。”

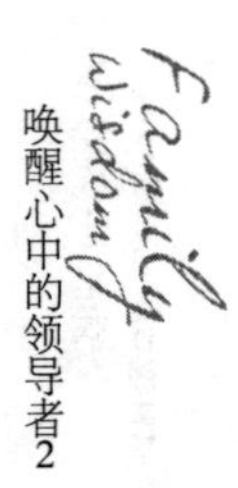

“好了，朱利安，别再跟我兜圈子了。”我叹道。

“好吧。我的意思是，当你错过一次锻炼，你并不只是停留在当前的状态得不到进步而已，而是退步了。而且每次你错过锻炼，就是在强化你不锻炼的习惯。你错过的锻炼次数越多，消极的坏习惯也就越顽固。等你错过了足够多次数的锻炼机会，不锻炼的坏习惯就会最终代替你用很大毅力才培养起来的锻炼的好习惯。这就是为什么我会说，每次你没有做到正确的事情，就是在助长做错事的坏习惯。这个简单的规律会贯穿你的一生。每次你忘记对他人表达谢意，其实就是在助长你不懂得感恩的坏习惯；每次你没有及时回电话，就是在助长不准时回电话的坏习惯；每次临睡前你跟孩子们说，你太累了，不想念书给他们听了，你其实就是在助长自己不在孩子临睡前念书的坏习惯。请记住，凯瑟琳，在生活中，看起来微不足道的事情，总是具有很大的影响力。而你一生中所能获得的成功，最终也取决于你每天、每小时、每分钟做出的微不足道的选择。”

“我同意，朱利安。我们很容易忘记，每天不起眼的小事情加在一起，就决定了我们的命运。”我发现自己说话越来越像朱利安了，“我想，可能是我们每天的生活太忙碌，渐渐就忘却了那些最重要、最有意义的事情，而把注意力集中在了让人分心的事情上。这让我想起了管理大师德鲁克的一句话，他说：‘世上最没用的能力，就是能高效地完成本来就不该做的事。’”

朱利安笑了起来：“说得真好，我一定要记下这句话。把一天中最宝贵的时光用在最不重要的事情上，真的没有意义。记住，我们每个人都在某件事或某个领域中承担着领导责任，而智慧的领导者，会把有限的时间用在生命中最重要的事情上。他们会花时间思考什么才是最有价值的事，这是一笔能获得最高回报的投资，他们会倾注全部力量去完成这些事情。在真正重要的事情上投入高度关注的能力，就是成功的秘密。正如中国学者林语堂所言：在‘有所为’这门高贵的学问之外，还要掌握‘有所不为’的高贵学问——生活的智慧就在于抛弃无关紧要的琐事。”

/ 记录你的生活 /

“还有什么方法能够实现自我重建？每天早起，呵护‘圣殿’，这些都是很好的建议，我还想学习更多的知识。”

“记录你的生活。”

“又来了！好吧，朱利安，”我咕哝着，“‘记录你的生活’是什么意思？”

“我建议你开始写日记，这样，你就能从重要的事情中积累心得，每天都变得比前一天更加富有智慧。记日记可以让你的过去为你的现在服务，你可以把日记作为一种工具，使过去的经历转变为未来的成功。写下每天发生的事和你的体会，会让你实现更为深刻的自我认知，你会更清楚自己做出某些行为的具体原因。如果你想让自己的生活质量更高，就可以从日记中去发现具体哪个方面需要做出改变。记日记就像你跟自己对话，培养这种习惯，可以让你在这个漠视自省的世界中，保持一种深沉的思考方式。同时，记日记也可以帮助你活得更有意识、更有目的，这样，你就可以主动支配自己的人生，而不是坐等生活来支配你。”

“记日记有这么强大的作用？”

“是的。”朱利安随手摘下一个又大又红的番茄，大口吃了起来。

“你不洗洗再吃吗？”我问道。

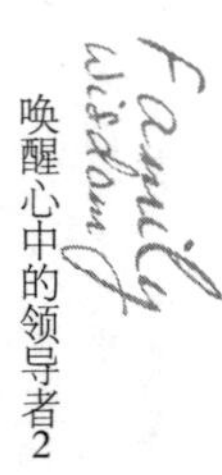

“你想太多了，不洗也没关系的。哦，对了，写日记时还可以写下从别人身上学到的成功点滴，以及其他观察和体会。有了这些积累，你就能获得梦想中的高质量的个人、职业和精神生活。”

“能不能多讲讲你所说的‘精神生活’？”

“没问题。其实，当下流行的很多解释都是对这个词的误读。引用一位高僧的话：当我谈到‘精神’这个词时，我是指人类基本的美德。其中包括爱心、参与感、诚实、守信以及以良好目的为指导的人类智慧。所以，凯瑟琳，正是这些品质成就了我们的存在，这些品质在我们身上是与生俱来的。”

“我们都拥有这些品质？”

“是的。我们生来就是精神的存在体，因自身的不完美而完美。不幸的是，随着我们年龄的增长，会不断吸收负面的生存方式，父母、老师以及身边所有的人都会施加这种负面的影响。随着岁月的侵蚀，对周遭的世界越来越厌倦，很多人会距离真实的自我越走越远。我的目标就是回到自己最本真的状态，重新发现那个真实的自己。在眼睛彻底被负面力量覆盖，无法再去看清这个世界之前，我要找回自己曾经拥有的完美。”

“你的话真是发人深省！回到刚才记日记的话题，日记是不是每天的流水账？”

“不是这样的，流水账记的仅仅是发生的事情，而日记则记录着你对这些事情的分析和评价。”

“这个解释真是简单明了。”我赞叹道。

“写日记这个习惯可以促使你思考自己的所作所为、自己的动机以及从中学到的心得体会。医学研究发现，每天花 15 分钟时间记日记，甚至可以改善健康状况，调节免疫系统，提升你的心态。记住，妹妹，如果你的人生值得你去思考，就值得你去把它记录下来。”

“这的确是个好建议。”

/ 每周给自己放个假 /

“接下来就是关于自我重建和个人新生的最后一条建议：每周给自己放个假。”

“最近休假越来越流行了。我的一个经理刚刚向我提出休假申请，准备花一年时间与家人一起航海旅行，环游世界。他说，他已经与孩子们不再亲近，与妻子也日渐生疏。你猜我会怎么答复他？”我笑着问道。

“我当然能猜到。你做得很好。不过我向你建议的休假远没有这么夸张，却同样有效。在古代，每周的第七天叫做安息日，这一天通常用来做一些重要的却常常被忽视的事情，如与家人团聚、追求自己的爱好等等。安息日也给那些终日辛勤工作的人一个好机会，来给自己充电，用更充实的方式度过一天。然而，随着生活的脚步日渐加快，这一宝贵传统却渐渐消失了，一同消失的，还有人们能够从中得到的巨大收获。我建议你重新找回这个习惯，每周花六七个小时专门用来做你喜欢做、却从未有机会去做的事。你可以利用周末的时间，或者利用你的弹性工作制，选择每个周二或周四来进行。关键就是要确保每周都能有固定的休息时间，对自己好一些。”

“我突然想到两个问题。第一，我需要单独度过每周的休假时间吗？第二，我应该在休假时具体做些什么呢？”

“是的，一定要单独度过。这是你进行思考、真正做回自己的好机会。你可以利用这段时间独自去树林中漫步，感受微风吹过脸颊的惬

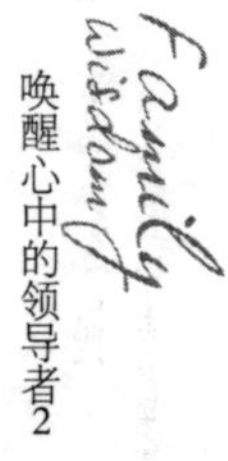

意；你可以停下脚步，倾听街头歌手的乐曲，而不用担心赶着去开会；你可以放任自己一边喝着热巧克力，一边迷失在书店的排排书架之中；你可以忘却一切，赤脚在公园中跳舞，或观察雨后的蜘蛛网。真的，休假的时间，就是你全心全意享受生命的时间。如果你愿意，从今往后每周都可以这么做。”

“也就是说，每周的休假时间，其实就是我送给自己的礼物?”我问道。

“说得很对，的确是这样的。休假就是你对自己忙碌了一周的一种奖励，而且可以帮助你保持快乐、轻松和愉悦的心情。休假是有效利用时间的绝佳方式，是为你在接下来的一周能够以最佳状态做好家长、伴侣和你自己的一种投资。”

“我觉得这个习惯一定会产生奇效，会给我一个自由呼吸的空间。我想这周五就开始。早上去做个按摩，然后去野外找个地方写日记，然后在河边那间新开的餐厅来一顿素餐。”

“那里的菜味道很好，”朱利安评论道，“餐厅老板是我以前的客户，每次我去那里吃饭，他都把我当国王一样接待，然后往菜里放好多大蒜，因为我喜欢那个味道。啊，美味的大蒜啊！幸亏我享用完盛宴后不用跟别人待在一个房间里。”他开心地笑着说。

“你太过分了，朱利安。我真没想到，你前几天不见踪影竟然是去那里了。有时你一消失就是好几个小时，”我谨慎地继续说，“有时我们听见从你房里传来电锯的声音，有时还有锤子的声音。有时，又听见你半夜开门出去。我想给你一个独立的空间，但我必须承认，我还是挺担心你的。”

“谢谢你的关心，凯瑟琳。我有自己的事情要做，有一些人要见。”朱利安简短地答道。

“好吧，回到每周休假来充实自我这个好主意上。还有什么需要注意的地方吗?”

“我认为你已经走上正轨了。利用休假的时间来玩耍、跳舞、思考、滋养自己的精神、唤醒对生命奇迹的珍惜。同时，休假的时间也是你培养感恩之心的好机会，每周找出时间在日记中写下对身边人和事的感激与祝福。记住，你关注的东西自然会成长，你的所思所想也自然会扩散，令你驻足的事物就决定了你的命运。集中你最大精力的那一部分生命，一定会繁花似锦、果实累累，为你创造奇迹。因此，让自己全身心地关注生命中美好的一面，你会发现，美好的事物会越来越美好。人生所有的痛苦与折磨，无非是一个差距，一个事实与想象之间的差距。如果你能接受现状、享受现状，不去拿自己的生活与周围的人做比较，不为自己不如人的一面自怨自艾，你就已经向着智慧迈进了一大步。请脚踏实地做一个懂得感恩、对生活满怀信心和期待的人，请在心怀美好梦想的同时，懂得珍惜和品味当下的一点一滴。人生这条路，沿途的风景与远方的山巅同样美好。只要你能保持这种思想状态，整个宇宙就会把无数美好的礼物无私地馈赠给你。我很喜欢古罗马哲学家西塞罗的那句话，‘感恩之心不仅仅是最高尚的美德，也是所有美德之母。’”

/ 成为一道光芒 /

朱利安走向花园的中心，张开双臂，仿佛因为与我分享了这些智慧和爱，而要从天堂接受一份礼物一样。正当他把双臂举过头顶时，一道光芒从天边一闪而过。“看到了吗?”他抑制不住兴奋的表情，睁大双眼，热切地问道。

“真难以置信。那是什么?”

“我也不清楚，”朱利安答道，“但是，这道光正好帮了个忙，引到了下一个话题。”

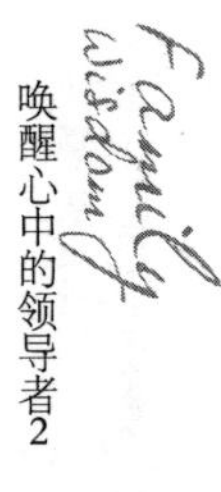

“是什么呢?”

“成为一道光芒。成为照亮孩子们前行道路的光芒，成为点亮乔恩人生梦想的光芒，成为这个世界的光芒，让我们的世界变得更美好、更智慧、更和平。你是如此地与众不同、才华横溢，用心领会我教给你的这些道理，成长为那个你理想中的人。我是发自内心地相信你、支持你。从今以后，用你的最佳状态去完成每件事情，用你的光芒照亮黑暗笼罩的地方，用你的智慧指引迷失的旅人。永远不要忘记，一份爱心、一个美好的灵魂，会用你想都不敢想的方式，把这个世界变得更加美好。”

朱利安一边说一边蹲下身子，开始用双手挖地上的泥土。他越挖越深，一脸专注执著的表情。我想，这种全情投入的能力，正是他取得人生巨大成功的关键所在。

几分钟专注的体力劳动之后，朱利安停下了手。他额头上满是大滴的汗珠，长袍上也沾满了泥土。他把手伸进他挖的洞中，掏出了一个我从没见过的东西。那东西大约巴掌大，石头制成，好像一个双臂张开的人形。

“这是什么?”我心跳加速，激动地问道。

“这叫做因纽特石堆，来自这个星球上人口最稀少的北极圈，却可以给我们带来很多智慧，引导我们认识人类社会正确的生存方式。根据因纽特人的传说，这种石堆是人生旅途中保佑平安的护身符，代表着我们每个人身上的责任——在他人迷失前进方向的时候，我们要为他们在路上点亮一盏灯。几个世纪以来，这些人形石堆指引了无数旅人穿越北极的蛮荒大地，安抚了无数渴望确知方向的灵魂。而你，我亲爱的妹妹，正在成长为一盏明灯、一道光芒，为你的家庭和你触及的生命指引一条更富智慧的人生道路。我深信，这一天终将到来。因此，当我还在印度敞开心灵接纳全新的世界时，就决定了要把这件礼物放在这里等着你。一直以来，我并不确定什么时候才能交给你，也不确定是否真的要给你，但我相信心灵的力量，相信我们一定能找到它的意义。现在我们找到了，我把它交给你。”

我走向朱利安，伸手接过他手中的因纽特石堆，看到在它石质的表面刻着四个大字：关注生命。这让我想起了朱利安小屋天花板上写下的一段作家亨利·米勒的文字：

> 当你把精力完全集中于一件事物上时，即使是一片草叶，它也会变得无比神秘和伟大，成为一个无法用语言描述的美好世界。

- 加入“5 点钟俱乐部”。
- 呵护你的“圣殿”。
- 记录生活，养成写日记的习惯。
- 每周给自己放个假，放松身心，享受生命。
- 成为一道光芒，照亮黑暗笼罩的地方。

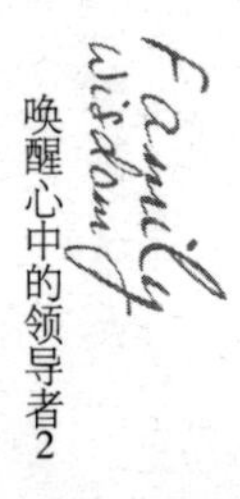

Family wisdom

第 10 章

要诀5 传承

人生的理想和意义

没有几个人能拥有改变历史的能力，但我们每个人都可以通过自己的努力，影响事件的一小部分，把这些小小的努力加在一起，就构成了整个时代的历史。

罗伯特 · 肯尼迪

每个人的生命中都有一个特别的时刻，他正是为此而生。把握住这个特别的时刻，他将完成别人无法完成的使命；也正是在这个特别的时刻，他将发现自己的伟大之处。这是他生命中最好的时刻。

温斯顿 · 丘吉尔

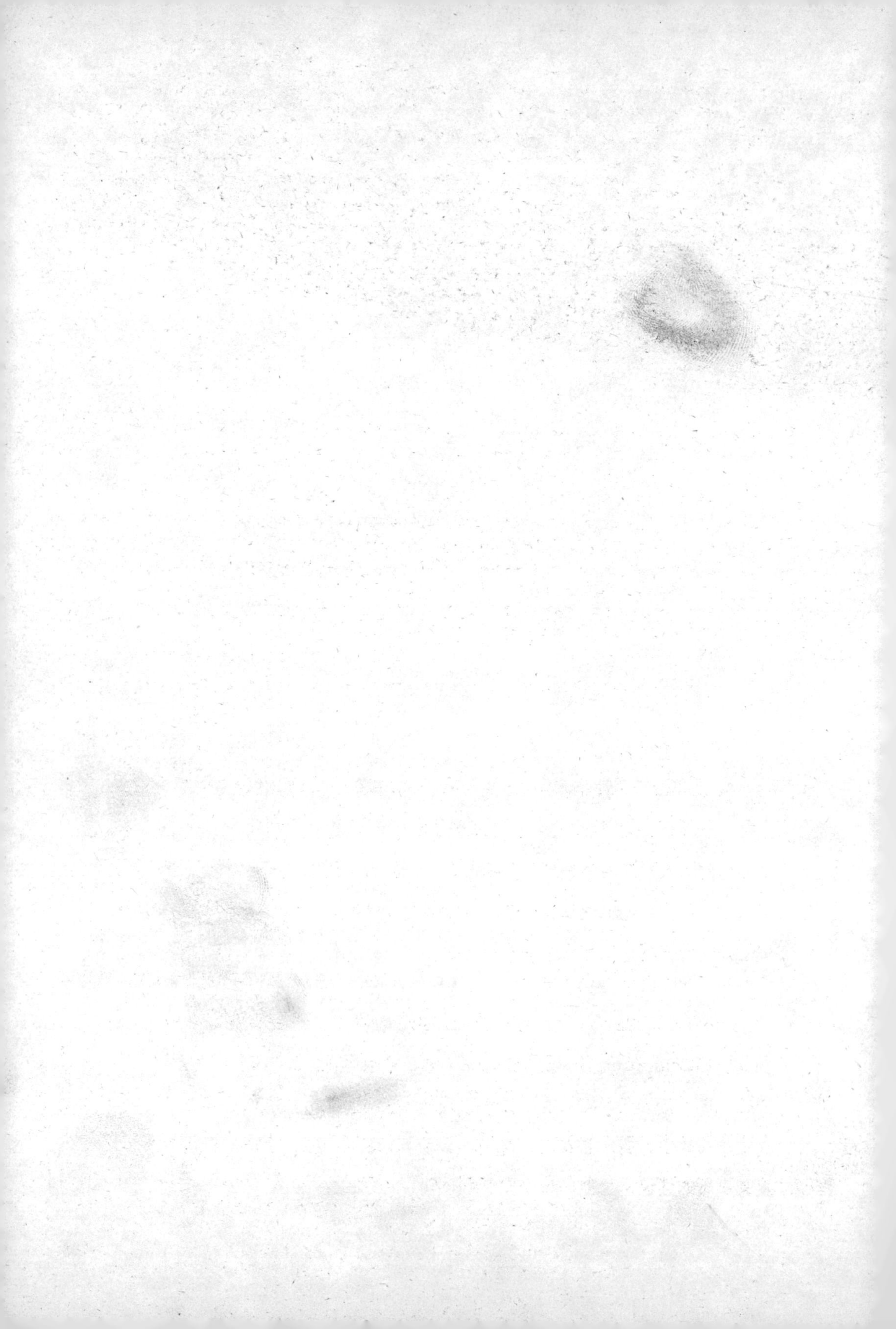

好几年没来牛津电影院了。想当年，这里可是全城最时髦的去处，人们来这里看看电影，与亲友共度一个难以忘怀的周末。但是不知为何，人群渐渐转移到了其他地方，这里的老板也放任生意慢慢衰落下去。现在，这里偶尔也放电影，但再也没有什么大片了，而且影院里最好的情况下也只有一半的座位有人。

一个周二的晚上，朱利安约我在那里与他见面，一起看一部叫做《感动世界的洗衣妇》的纪录片。影片晚上 7 点开始，讲的是一个叫奥莎拉·麦卡蒂的女人的故事。我从没听说过这部纪录片，也不了解片中女主角的故事，但朱利安说，我应该了解一下她的一生，于是，我欣然接受哥哥的建议，与他一起来看电影。

距上次在威廉森阿姨的后花园学习家庭领导者的第四要诀，已经过去六个星期了。这段时间，我的生活发生了一些神奇的变化。我接受了朱利安的建议，成为了“5点钟俱乐部”的终身会员。一开始，我根本不确定自己是否有每天坚持早起的毅力，但是，经过几周痛苦的磨炼，这个习惯已经逐渐养成了。

在过去的六周里，我的思维和存在感都提升到了新的高度，我也拥有了以前从未有过的想法和感触。在我眼中，世界变得比从前更加美好和幸福，我也终于开始认识到，自己在这个世界中的角色是如此重要。我对乔恩和孩子们付出的爱比以往任何时候都要多，而且，我也从未像现在这样感受到家人温暖的关怀。曾经吞噬我心灵的黑暗与无助渐渐消失殆尽，而我也开始对周围的一草一木产生了好奇心和兴趣。朱利安曾经说过，这种感觉一定会到来。现在真的到来了。

接受了朱利安关于呵护“圣殿”的建议，我的精力比以前更加充沛，心情也大有不同。我现在可以与乔恩和孩子们做更多的事情，同时也能留出更多的时间给自己；每天坚持记日记的习惯，帮助我更清醒地意识到自己的每一天是如何度过的，而且使我能够用更智慧的方式去迎接新的一天；每周的休假时间，让我重新获得了喜悦，这种丢失多年的感觉现在又找了回来。我开始觉得，在这段时间中，用朱利安的话说，是我“博大的一面”正在放射光辉，使最完美的自我重获自由。也正如哥哥所说，成为一个更优秀的人，真的让我成为一名更优秀的家长。

但不得不承认，一种伤感的情绪最近总会不时涌上心头。虽然朱利安从来没当面提过，可我总有一种感觉，觉得他好像准备要离开我们似的。一天晚上，全家在一起吃晚饭的时候，他问乔恩，从这里去墨西哥坐大巴要多长时间。又有一次，他让波特从网上下载一幅加拿大的地图并打印出来。还有一次，他收到一份联邦快递的包裹，上面写着“随信

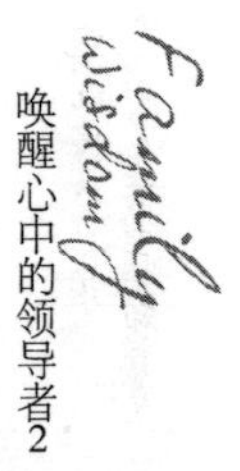

请阅意大利信息介绍”。其实我内心早就知道，等到朱利安教会我需要学习的东西之后，他一定会离开我，奔向下一个目标。但是我就是不肯接受这个事实，不能想象余下的生命中，无法每天跟我深爱的哥哥共同度过是什么情形。

让我更为不安的是，朱利安的小房间里每天还是继续传来奇怪的噪音，锤子、电锯和砂纸打磨东西的声音有时一连几个小时都不停，然后就见朱利安带着满足的笑容下楼来，长袍上沾满了锯末。他没跟我们提起他究竟在做什么，而我也没问他。梭罗说过，“如果一个人跟不上同伴的步伐，也许是因为他听到的鼓点不一样。就让他随着自己的鼓点前行吧，不管那有多慢，不管距离多远。”对我来说，给朱利安他需要的空间，就是让他踩着自己心中的鼓点前行。

/ 洗衣妇的故事 /

走进电影院，却没看到朱利安的身影。他跟我说要坐在第七排，我先到的话就给他占个座位。灯光渐渐暗了下来，一位主持人走到影院中央，灯光打在他洋溢着青春气息的脸庞上。他说：“晚上好，女士们，先生们。感谢你们来到牛津电影院，今晚这部影片讲述了一个特别的女人。请您关掉手机，影片马上开演。”然后，影院彻底暗下来，影片的开场音乐也响了起来。这时，我觉得有人拍了一下我的胳膊。扭头一看，只见朱利安拿着两大包爆米花、两大瓶矿泉水和一包软糖来到我面前。他还背着一个大背包，把长袍压出了很多折痕。

“抱歉，我迟到了，妹妹。刚才在家里打扫了一会儿房间。”他给了我一个微笑。

“没关系。我还在想是不是今晚要被你放鸽子了呢。”我笑着接过哥哥递给我的零食。

“怎么会呢，凯瑟琳。我整整一周都在盼着今晚的到来。这个故事真的很美。”他边说边凑过身来，在我的额头上轻轻一吻。

这个令人感慨的故事讲述的是奥莎拉·麦卡蒂的一生。她生在一个贫穷的家庭中，在一个狭小的房子里长大，除了到街上购买日用品和去教堂礼拜之外，她从不离开家半步。她靠替别人洗衣服赚钱度日，几分钱、几毛钱，一点点积攒着别人给她的微薄酬劳。她从没学过开车，一生未婚，尽管她快90岁高龄时还曾对一个记者说过“想找个好男人”。奥莎拉过着简单、正派、勤俭的生活，一直坚持把自己挣到的血汗钱积攒起来，日复一日，年复一年。就这样，几十年过去了。

在她87岁高龄的一天，她来到当地银行，一位银行家接待了她，问她知不知道经过一辈子的积累，现在有多少钱。当她回答说不知道时，银行家笑着告诉她，她的账户里现在有超过25万美元的财产。奥莎拉并不了解25万美元究竟是一笔多大的数目，于是银行家拿出十枚硬币放在了柜台上。“这十枚硬币代表着你的钱，你想用这些钱做什么?”她指着第一枚硬币，说要把这枚捐赠给教堂，后面三枚赠给她深爱的侄子和侄女。之后，一个可爱的笑容浮现在奥莎拉的脸上，她说，剩下的硬币有很特别的用处。

一个月之后，奥莎拉家乡的大学收到了一张她寄来的支票，面额是15万美元。她要求学校设立一个奖学金，专门用来资助家境贫寒的学生，帮助他们实现求学的梦想。她这一无私的举动感动了全世界，获得了各国总统和元首们的赞扬。经过这种种喧嚣之后，她依旧坚持用一种简单而有节律的方式生活。但是，她也有自己的梦想，她想看到她名下的奖学金获得者毕业的那一天。她也承认自己岁数大了，可能等不到梦想成真了。然而，就在奥莎拉去世前的一个月，奖学金的第一位获得者拿到了毕业证书。

奥莎拉去世后，一位记者电话联系了当年的奖学金获得者，请她谈一下对捐赠者去世的感触。这位学生说："她是天堂中最美丽的一位天使。她给整个世界带来了灵感和祝福，是我们无比宝贵的财富。"

影片结束了，人群渐渐离开。空荡荡的影院里，朱利安开始说话了。

"'人类在现实面前的共同本能，就是把世界看做一个英雄主义的舞台。'"他引用了伟大的心理学家威廉·詹姆斯的一句话。"我带你来到这个被人遗忘的老电影院，就是想说明这一点。"

"你的人生，也是一个英雄主义的舞台。在你生命中余下的时间中，要让高尚的领导力与无私的情怀成为主角。"朱利安充满激情地说。

"看看奥莎拉·麦卡蒂的一生，她靠给别人洗衣服糊口，生活在简陋狭小的房子里，没有人认识她。然而，她每天坚持不懈地付出，为了一个崇高的目标一分一毛地省下自己的血汗钱，她给整个世界带来了祝福。她传承给后人的精神是多么可贵！"

"我们每个人内心是不是都有这种博大的精神，可以传承给下一代？"我小声问。

"当然。事实上，圣贤们告诉我，每个人都拥有创造奇迹的能力，这各种能力使我们在离开这个世界后，依然可以活在后人心中。可惜的是，很多人都认为要给后人留下一笔宝贵的精神财富，一定要做出惊天动地的伟业才行，只有这样，人们才觉得他们的一生得到了肯定，他们履行了最崇高的责任。但是，不是每个人都需要那样做。只要每天坚持从小事做起，从生活最微小的细节着手，注入我们的爱心，就一定能给这个世界留下一笔有意义的遗产。”

“就好像奥莎拉每天存入银行的钱，看似不起眼，加在一起却是一个巨大的数字一样？”我问道。

“是的。”朱利安满意地答道，“满怀爱心和关怀去做好每一件小事，总有一天，你会取得伟大的成绩。这就说到了我们的家庭领导者第五要诀：给孩子一份传承，让孩子获得永生。”

“这听起来有一种无法言喻的力量。”我的情绪中交织着激动和伤感，因为这将是朱利安给我上的最后一课。

/ 传承与永生 /

“这条要诀是最重要的一条，凯瑟琳。你要让波特和萨瑞塔懂得，从本质上看，人生的意义就在于为了一个比自己本身重要得多的使命而存在。如果他们接受这一挑战——我知道他们一定会的——他们就能获得永生，就能永远活在他们感动过的人们的心中。”

就在这时，“天意影片”几个大字在屏幕上一闪而过。“这是你安排的吗？”

“不是，”他答道，“但是正好跟我心里想的不谋而合。知道吗，如果我们想用最高尚的方式度过一生，那么就要遵循命中注定的天意。想想捷克前总统瓦茨拉夫·哈维尔说过的话：‘一个人要面临的真正考验，不是去扮演他心仪的角色，而是要去扮演上天安排给他的那个角色。'"

"我需要做些什么，才能帮助波特和萨瑞塔找到他们'命中注定的天意'呢?"

"很简单，"朱利安答道，"训练他们去倾听，倾听来自内心深处最圣洁的那片净土的呼唤。"

"解释一下吧。"我要求道。这时一位清洁工走进来要开始擦地。

"晚上好，曼特尔先生，"他说。

"朱利安，是不是所有人都认识你?"我惊奇地问道，"我是说，这家没什么人光顾的电影院里值夜班的清洁工怎么也认识你?"

"因为过去几周里我来过这里十次，就是看这部纪录片。"他笑着说，"奥莎拉的故事对我来说是很好的一课。她能时刻提醒我，为别人作出贡献的重要性。回到你刚才的问题上，有时，我们在一个灿烂的秋日去林中独自散步，当我们与大自然完全融为一体时，就能听到内心的低吟；有时，我们一人独处，沉浸在绝对的安静中体会冥想带给我们的感受时，也能听到内心的低吟；有时，当我们经历人生最无助、最绝望的时刻，比如亲人离世或梦想破碎，这些呼唤也会在心中响起。其中的智慧很简单：倾听来自内心的声音，它将引领你按照天意走过人生之路。倾听内心的意愿，把自己全情投入到上天的安排中，这样就能为后人留下富有意义的传承。"

"孩子们还小，我不知道怎么才能让他们明白这些道理。"我坦白地说。

"你是孩子们的妈妈，什么时候给他们适当的教导，这一点你有决定权，凯瑟琳。的确，他们还小，但是，在这个阶段让他们懂得倾听心灵呼唤的重要性，懂得用有助于他人的方式去生活，也不失为一个好主意。至少，现在要让孩子们懂得享受安静的快乐。等他们长大了，要让他们知道，不管他们将来决定从事什么行业、过什么样的生活，你永远都会给他们无条件的爱与支持。要让他们了解，坚持探索自己的内心世界，对他们的健康成长至关重要。激励孩子们勇敢地做梦，让他们知道，成功的人生就是以一种非凡的方式去生活，以一种对这个世界有所贡献的方式去生活。你可以建议他们不断向自己提问‘我如何才能成为一个对世界有用的人?’或是‘我应该把自己的时间和才华用在哪里?’克尔凯郭尔①认为，人类最重要的职责就是去‘找到一个可以为之生、为之死的信念’。我很赞同这个观点。去寻找一个你可以为之献出生命的理想，一个可以帮助他人、点燃你灵魂激情的目标，你才能真正开始感受到活着的意义。达到这种境界，整个宇宙就变成了你成功的载体。”

“真的吗?”

“当然，”朱利安满怀信心地答道，“宇宙为每个人都设计了宏伟的蓝图。一旦你找到了属于自己的蓝图，用实际行动去一步步实践它，就会立刻擦亮奇迹的火花。因此，我要教给你的最后一课就是，请你教会这两个可爱、聪明、善良的孩子，让他们懂得，人的伟大之处，就是用毕生的努力开创一份事业，即使有一天他们离开了这个世界，那份事业也不会就此结束。”

“让孩子们开创一份事业，即使他们的生命结束了，他们的事业也会继续下去？也就是说，一份传承?”

“是的。知道吗，我们内心最深刻的渴望，就是为了一个比我们自己更宏大、更有意义的目标而生活。只要波特和萨瑞塔能明白这一点，

---

① 克尔凯郭尔（Kierkegaard，1813—1855）：丹麦宗教哲学心理学家、现代存在主义哲学创始人。——编者注

他们今后就一定能获得令你骄傲的成功。我所说的成功，是最真实的成功，远非停在房前的宝马汽车或奢华光鲜的西装行头所能及；我所说的成功，是能给世界带来光明和爱的成功；我所说的成功，有感动众生的力量，让人们更愿意为他人奉献；我所说的成功，会让你成为世界上最骄傲的母亲。”

“真是太让人感动了，我都不知说什么好了。”我的眼泪在眼眶中打转。

“身为父母，身为一个普通人，我们每个人都要问自己一个问题：我的生命在我死后有什么意义？我们要思考自己留给世界的这些足迹，我们要思考后代如何看待我们的生命。并不是说我们都要成为甘地或特蕾莎修女，伟人自有命定的天意指引他们，我是说我们要以一种超越自我的态度去生活。我们不能甘于肤浅，抱怨周围的一切不像理想中那样完美。我们要用自己的力量照顾好我们的生活，每天都能用同情、关怀和爱去感动他人，帮助他人。我们要丢弃羁绊我们思想和行为的枷锁，勇敢地去寻找那个最完美的自己。这样，凯瑟琳，只有这样，我们才是真实地活着的。要想做个高尚的母亲，就把这个智慧告诉孩子们。用这个智慧指引你的人生，你也必将成为一个伟大的人。”

“谢谢你，朱利安！”我充满感激地答道。朱利安伸手把我轻轻揽入怀中，一种厚重的温暖和深沉的情感瞬间包裹了我。

“凯瑟琳。”

“嗯?”我应道，害怕最不愿发生的事情即将到来。

“今晚，就是我与你共度的最后一晚。我已经跟乔恩和孩子们道过别了，现在，我必须与你道别了。这是我这一生最不愿意的分离，我真的从心底里想跟你一直在一起，直到有一天我死了，但是这不是天意的安排。我向锡瓦纳的圣贤承诺过，要与需要帮助的人分享我学到的智慧，我要继续把这份事业做下去。我真的很爱很爱你，为你一直以来取得的成绩深感骄傲，对你现在的状态十分欣慰。你敞开心扉，全然接纳了这五条要诀，正领导着你的家庭步入一种全新的生活。你已经化身为一位智慧的向导，一盏闪亮的明灯，可以引导你生命中的人们去理解活在这个世界上真正的意义。”

朱利安闭上双眼，双手合十：“我因你美好而坚强的心灵而自豪，妹妹。前面的路还很长，我会永远与你同在。无论何时，你面对生活的何种挑战，我都会陪伴在你身边。在你与家人分享爱的同时，我也会把最纯洁的爱遥寄给你。”长长的一段沉默之后，他接着说：“就让你未来最伤感的日子，也比过去最开心的日子还要开心一百倍吧，妹妹。我爱你。”

说完，朱利安温柔地吻了吻我的额头，掸掸掉在长袍上的爆米花，转身走出了电影院。就在这时，就在这里，我终于懂得了，面对生命这份博大的礼物，怎样做才称得上是真正的英雄。

/ 哥哥的礼物 /

我在座位上不知坐了多久，心中无限伤感，为哥哥的离开而发呆、落泪。最终，我振作精神站了起来，准备回家。乔恩一定在担心我到哪里去了，我还要回家给孩子们准备明天上学的午餐。正当我向门口走去时，有什么东西从朱利安刚才坐过的座位上“当”的一声掉在地上。我捡了起来，走出影院。一轮满月把银白色的光芒洒满大地。

这是朱利安那间小屋的钥匙。钥匙上贴了一行打印的标签，上面写

着：通往智慧的大门就在自己家中。我不知道朱利安指的是什么，匆匆把钥匙放进钱包，擦干脸上的泪痕，往家走去。到了家门前，我突然有了一个想法，想去朱利安的房间看看。我爬上屋外的楼梯，用钥匙打开了小屋的门——他还把灯给我留着呢。走进这间狭小却一尘不染的房间，眼前的一幕让我惊呆了。

整个房间被改装成了一个图书馆，精致的书架上层层放满各类精装书籍。檀木的香气充满整个房间，一种平静安宁的感觉一下子包裹了我。我翻看着这些书，其中有爱比克泰德的《生活手册》，马可·奥勒留的《沉思录》和塞内加的《来自斯多葛学者的信》。所有书都保存完好，一看便知是精心整理过的。

然后，我看到了朱利安留在桌上的一张字条。上面写道：

> 文字根本无从描绘我对你、波特、萨瑞塔和乔恩的爱，所以我宁愿只字不提。但是，我亲爱的妹妹，我要送给你我心中最珍贵的一份礼物——智慧。这个图书馆中收藏了一些历史上最重要的书籍，是送给波特和萨瑞塔的。我真心地希望，你和乔恩能带着两个可爱的孩子在这间图书馆里多坐坐，多享受一些有书籍陪伴的快乐时光。也希望你们从这些伟大著作中汲取知识的时候，能偶尔想起我。
>
> 祝福你的领导之路，爱你的哥哥，朱利安

从我们崭新的图书馆出来，沿着新粉刷的台阶走下楼，我心中满是喜悦和幸福。想象着小家那美好的未来，就感觉无比激动和振奋。从未像现在这样感觉自己全身充满智慧和能量，也从未像现在这样深切地体会到幸福的意味。正当我就要走进家门时，听到了从朱利安房间里传出

的音乐——他把CD机也开着等我。我停下脚步，静静聆听，还是那曲《世界多美好》。此时此刻，这旋律不禁让我热泪盈眶。片刻，我欣然微笑了。

- **倾听内心的呼唤。**
- **寻找命定的天意。**
- **开创人生的事业。**

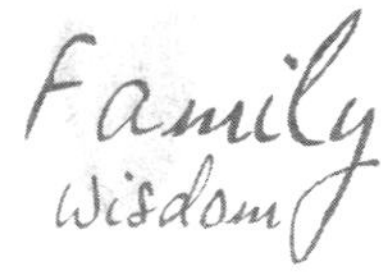

致谢

首先，我要感谢世界各地“卖掉法拉利的高僧”系列著作的读者。感谢你们用自身的智慧，将书中我与你们分享的知识应用到生活中，不仅丰富了自己的人生，也提升了周围人的生活。每次收到你们的来信和电子邮件，看到书中的故事在你们的人生路上给予的帮助，我都非常欣慰。我为你们身上那促成改变和成长的勇气而向你们致敬。

特别要感谢我在哈珀柯林斯出版集团的朋友们，你们给了我撰写这套书所需要的支持、鼓励和灵感。在此感谢 Iris Tupholme，Claude Primeau，Judy Brunsek，David Millar，Lloyd Kelly，我的公关专家 Doré Potter，Marie Campbell，Pauline Thompson，特别是对我倍加关怀的优秀编辑 Nicole Langlois。

还要感谢我非常敬业的执行助理 Ann Green，在我写作本书时帮助我管理日程安排。感谢我言出必行的同事 Richard Charlson，还有我的朋友 Malcolm MacKillop，让出了他的湖畔小屋，供我远离尘世，在风景如画的地方完成本书。感谢我所有的导师，包括 Gerry Weiner，Ed Carson 和 Lorne Clarke，是你们激励我“在这条路上走下去”。还要感谢每一位我公司的客户，是你们给我机会在各种会议上分享我的领导力心得，以及获得识别企业核心人才的智慧。由衷感谢 Jill Hewlett 为我点亮心灵之灯。向我的父母 Shiv 和 Shashi Sharma 致以深深的谢意，你们是优秀父母的典型，感谢你们给我的爱、关怀和支持。还要向我的兄弟 Sanjay 和他的妻子 Susan 表示感谢，在我最需要的时候，是你们在我身边。

最后，我要感谢科尔比（Colby）和比安卡（Bianca），我的两个孩子。感谢你们给我带来了这么多的快乐。

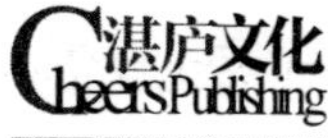

一切为了您的阅读价值

★ 您知道自己为阅读付出的最大成本是什么吗?
★ 您是否常常在读过一本书后,才发现不是自己要看的那一本?
★ 您是否常常发现很多书都是一时冲动买下,至今一字未读?
★ 您是否常常感慨书的价格太贵,两百多页,值四十多元钱吗?

阅读的最大成本

读者在选购图书的时候,往往把成本支出的焦点放在书价上,其实不然。

时间才是读者付出的最大阅读成本。

阅读的时间成本=选择花费的时间+阅读花费的时间+误读浪费的时间

选择合适的图书类别

目前市场上的**图书来源**可以分为**两大类,五小类**:

1. 引进图书:引进图书来源于国外出版公司,多从其他语种翻译成中文出版,反映国际发展现状,但与中国的实际结合较弱,其中包括三小类:

a)教科书:理论性较强,体系完整,但多为学科的基础知识,适合初入门的、需要系统了解一门学问的读者。

b)专业书:理论性、专业性均较强,需要读者拥有比较深厚的专业背景,阅读的目的是加深对一门学问的理解和认识。

c)大众书:理论性、专业性均不强,但普及性较强,贴近现实,实用可操作,适合一门学问的普通爱好者或实际操作者。

2. 本土图书:本土图书来源于中国的作者,反映中国的发展现状,与中国的实际结合较强,但国际视野和领先性与引进版相比较弱,其中包括两小类,可通过封面的作者署名来辨别:

a)"著"作:大多为作者亲笔写就,请读者认真阅读"作者简介",并上网查询、验证其真实程度,一旦发现优秀的适合自己的作者,可以在今后的阅读生活中,多加留意并了解。

b)"编著"图书:汇编了大量图书中的内容,拼凑的痕迹较明显,建议读者仔细分辨,谨慎购买。

阅读的收益

阅读图书最大的收益,来自于获取知识后,**应用于**自己的**工作和生活**,获得品质的**改善和提升**,油然而生无限的**满足感**。

我们出版的所有图书，封底和书脊都有“湛庐文化”的标志

并归于两个品牌

心视界

找“小红帽”

为了便于读者在浩如烟海的书架陈列中清楚地找到我们，我们在每本图书的书脊上部 47mm 处，全部用红色标记，称之为——小红帽。同时，“小红帽”上标注“湛庐文化”字样，小红帽下方标注所属图书品牌名称。

湛庐文化主力打造两个品牌：**财富汇**，致力于为商界人士提供国内外优秀的经济管理类图书；**心视界**，旨在通过心理学大师、心灵导师的专业指导为读者提供改善生活和心境的通路。

用轻型纸

您现在正在阅读的这本书所使用的是轻型纸，有白度低、质感好、韧性好、油墨吸收度高等特点，价格比一般的纸更贵。

关注阅读体验

我们目前所使用的字体、字号和行距，是在经过大量调查研究的基础上确定的，符合读者阅读感受。每页设计的字数可以在阅读疲劳周期的低谷到来之前，使读者稍作停顿，减轻读者的阅读疲劳，舒适的阅读感觉油然而生。

所有的一切都为了给您更好的阅读体验，代表着我们“十年磨一剑”的专注精神。我们希望湛庐能够成为您事业与生活中的伙伴，帮助您成就事业，拥有更为美好的生活。

湛庐文化2008-2011年获奖书目

《牛奶可乐经济学》

国家图书馆“第四届文津奖”十本获奖图书之一，唯一获奖的商业类图书。
搜狐、《第一财经日报》2008年十本最佳商业图书。
用经济学的眼光看待生活和工作，体验作为“经济学家”的美妙之处。

《大而不倒》

《金融时报》·高盛2010年度最佳商业图书入选作品。
美国《外交政策》杂志评选的全球思想家正在阅读的20本书之一。
蓝狮子·新浪2010年度十大最佳商业图书，《智囊悦读》2010年度十大最具价值经管图书。
一部金融界的《2012》，一部丹·布朗式的鸿篇巨制。

《金融之王》

《金融时报》·高盛2010年度最佳商业图书。
蓝狮子2011年度十大最佳商业图书，《第一财经日报》2011年度十大金融投资书籍。
权威透视国际金融界大佬在大萧条中的群像著作。
一部优美的人物传记，一部独特视角的经济金融史。

《富可敌国》

蓝狮子·《第一财经日报》2011年度最佳金融商业图书。
《第一财经日报》2011年度十大金融投资书籍。
源自300个小时的真实访谈，一部权威的对冲基金史。

《认知盈余》

2011年度和讯华文财经图书大奖。
看“互联网革命最伟大的思考者”克莱·舍基如何开启无组织的时间力量。
看自由时间如何成就“有闲”世界，如何引领“有闲”经济与“有闲”商业的未来。

《微力无边》

2011年度和讯华文财经图书大奖“最佳装帧设计奖”。
中国最早的社会化媒体营销研究者杜子建首部作品。
一部微博前传，半部营销后传。

《神话的力量》

《心理月刊》2011年度最佳图书奖。
在诸神与英雄的世界中发现自我，当代神话学大师约瑟夫·坎贝尔毕生精髓之作。

《facebook效应》

《金融时报》·高盛2010年度最佳商业图书入选作品。
蓝狮子·新浪2010年度十大最佳商业图书，《新智囊》2011年度最具价值十大经管图书。
首度公开facebook非凡创业的26个细节，马克·扎克伯格及40多位核心高管倾情讲述。

《真实的幸福》

《职场》2010年度最具阅读价值的10本职场书籍。
积极心理学之父马丁·塞利格曼扛鼎之作，哈佛最吸引人、最受欢迎的幸福课。

《绕着大毛球飞行》

蓝狮子·《职场》2011年度最佳职场图书。
畅销13年的职场创意手册，贺曼贺卡公司创意总监倾情之作。

延伸阅读

《正能量》

◎ 前思科中国区总裁林正刚职场智慧之作

◎ 创新工场董事长兼首席执行官李开复鼎力推荐

◎ 首次分享35年经理人养成心得，为有追求的职场人注入正能量

◎ 97个工作情景，60条职场箴言

《非你莫属》

◎ SOHO中国董事长潘石屹鼎力推荐

◎ 大型职场类互动节目收视第一的金牌节目《非你莫属》同名书籍

◎ BOSS团10位最具人气BOSS的深度访问

《绿茶》

◎ 你到底要怎样的人生？幸福的人生，还是有意义的人生？这两种人生可以兼得吗？

◎ 年轻总裁和年迈的清洁工六条关于人生的真谛

◎ 韩文版上市三个月热销20余万册

《深夜加油站遇见苏格拉底》

◎ 一本改变无数生命的心灵圣经

◎ 好莱坞励志影片《和平战士》根据本书改编

◎ 翻译成30余种语言，畅销26年不衰

《潜意识的力量》

◎ 影响人类进步的50部励志经典之一

◎ 潜意识大师墨菲博士最具应用价值之作

◎ 改变全球数千万人的职业命运，成就幸福人生

图书在版编目（CIP）数据

唤醒心中的领导者2：幸福家庭的5大要诀 /（加）夏玛著；魏薇译. —杭州：浙江人民出版社，2012.11
（卖掉法拉利的高僧系列）
ISBN 978-7-213-05139-5

Ⅰ. ①唤… Ⅱ. ①夏… ②魏… Ⅲ. ①领导学—通俗读物 Ⅳ. ①C933-49

中国版本图书馆 CIP 数据核字（2012）第226953号

浙江省版权局
著作权合同登记章
图字:11-2012-195号

本书法律顾问　北京诚英律师事务所　吴京菁律师
　　　　　　　北京市证信律师事务所　李云翔律师

唤醒心中的领导者2：幸福家庭的5大要诀

作　　者：[加] 罗宾·夏玛　著
译　　者：魏　薇　译
出版发行：浙江人民出版社（杭州体育场路347号　邮编　310006）
　　　　　市场部电话：（0571）85061682　85176516
集团网址：浙江出版联合集团　http://www.zjcb.com
责任编辑：金　纪
责任校对：张谷年
印　　刷：北京京北印刷有限公司
开　　本：720 mm × 965 mm　1/16　　印　　张：13.5
字　　数：17.3 万　　插　　页：6
版　　次：2012 年11月第 1 版　　印　　次：2012年11月第 1 次印刷
书　　号：ISBN 978-7-213-05139-5
定　　价：36.90 元

如发现印装质量问题，影响阅读，请与市场部联系调换。

湛（zhàn）**卢**（lú）

铸剑大师欧冶子『十年磨一剑』，炼就了『天下第一剑』湛卢剑。

——《吴越春秋》记载